200
recetas bajas en grasa

D1114725

200
recetas bajas en grasa

BLUME

Cara Hobday

BLUME

Título original:
200 Low fat recipes

Traducción:
Julia Alquézar Solsona

Revisión técnica de la edición en lengua española:
Eneida García Odriozola
Cocinera profesional
(Centro de formación de cocineros y pasteleros de Barcelona Bell Art).
Especialista en temas culinarios

Coordinación de la edición en lengua española:
Cristina Rodríguez Fischer

Primera edición en lengua española 2010
Reimpresión 2011, 2012, 2015

© 2010 Naturart, S.A. Editado por BLUME
Carrer de les Alberes, 52, 2°
08017 Vallvidrera, Barcelona
Tel. 93 205 40 00 Fax 93 205 14 41
e-mail: info@blume.net
© 2008 Octopus Publishing Group, Londres

I.S.B.N.: 978-84-8076-899-3
Depósito legal: B. 12.564-2012
Impreso en Tallers Gràfics Soler, S.A.,
Esplugues de Llobregat (Barcelona)

WWW.BLUME.NET

Todas las recetas contienen 12 g de grasa por ración (o menos),
sin contar las guarniciones o los acompañantes.

En las recetas que se presentan en este libro se utilizan medidas
de cuchara estándar. Una cucharada sopera equivale a 15 ml;
una cucharada de café equivale a 5 ml.

El horno debería precalentarse a la temperatura requerida;
siga siempre las instrucciones que marca su horno.

Deben utilizarse hierbas frescas, a menos de que se indique
lo contrario; deben utilizarse huevos de tamaño mediano,
salvo que se indique lo contrario.

Las autoridades sanitarias aconsejan no consumir huevos crudos. Este libro
incluye algunas recetas en las que se utilizan huevos crudos o poco cocinados.
Resulta recomendable y prudente que las personas vulnerables, tales como
mujeres embarazadas, madres en período de lactancia, minusválidos, ancianos,
bebés y niños en edad preescolar eviten el consumo de los platos preparados
con huevos crudos o poco cocinados. Una vez preparados, estos platos
deben mantenerse refrigerados y consumirse rápidamente.

Este libro incluye recetas preparadas con frutos secos y derivados de
los mismos. Es aconsejable que las personas que son propensas a sufrir
reacciones alérgicas por el consumo de frutos secos y sus derivados,
o bien las personas más vulnerables (como las que se indican en el párrafo
anterior), eviten los platos preparados con estos productos. Compruebe
también las etiquetas de los productos que adquiera para preparar los alimentos.

Este libro se ha impreso sobre papel manufacturado con materia prima procedente
de bosques de gestión responsable. En la producción de nuestros libros
procuramos, con el máximo empeño, cumplir con los requisitos medioambientales
que promueven la conservación y el uso responsable de los bosques, en especial
de los bosques primarios. Asimismo, en nuestra preocupación por el planeta,
intentamos emplear al máximo materiales reciclados, y solicitamos a nuestros
proveedores que usen materiales de manufactura cuya fabricación esté libre
de cloro elemental (ECF) o de metales pesados, entre otros.

contenido

introducción

introducción

Todos sabemos que necesitamos cuidar nuestra alimentación. A largo plazo, seguir una dieta saludable es mucho más que seguir las dietas de los famosos y los programas de pérdida de peso, que pueden ayudar a perder algún kilo a corto plazo, pero que no proporcionan las bases de unos hábitos saludables duraderos.

cambiar los hábitos

El cambio más importante que podemos llevar a cabo es reducir la cantidad de grasa que consumimos. Es imposible eliminar toda la grasa y, de hecho, tampoco es saludable, porque la grasa es una fuente esencial de vitaminas A, D, E y K, y es indispensable para la producción de nuevas células y hormonas. Sin embargo, nuestro objetivo debería ser rebajar la cantidad de grasa de nuestra dieta.

No nos faltan indicaciones para seguir una dieta baja en grasas, puesto que hay libros y revistas llenos

de artículos sobre grasas buenas y malas, sobre las comidas que hay que evitar, sobre métodos de cocción e, incluso, sobre el tamaño del plato en el que se debe servir la comida. No obstante, a la mayoría de la gente les resulta difícil poner estos consejos en práctica. Para aplicar lo que se sabe a la cocina cotidiana y cambiar los hábitos de toda una vida, se necesita algo más que un par de párrafos sobre nutrición.

reducir la grasa

¿Cómo puede reducir la cantidad de grasa de su dieta? ¿Qué significa hacer elecciones saludables? Las recetas de este libro le ayudarán a traducir los confusos consejos en comida real y menús equilibrados.

Si quiere seguir una dieta baja en grasa, debe cambiar su actitud desde el principio; del mismo modo, para comer de forma saludable, es necesario que conciba la compra y la comida de manera diferente. Su objetivo es preparar menús equilibrados, con la dosis adecuada de almidones, verduras y proteínas (un tercio del plato sería una buena orientación). Además, las comidas nutritivas eliminarán las ganas de picar entre horas, algo rico en grasas y poco saludable.

Cocinar para una familia puede ser difícil, ya que hay que satisfacer un amplio abanico de necesidades y gustos. Pruebe a sentarse con su familia y elegir unas cuantas recetas de este libro para probar. Recuerde que la mayoría de las recetas pueden simplificarse para adaptarlas a los niños.

comprar para cocinar menús bajos en calorías

Hacer una lista antes de ir a comprar le ayudará a pasar de largo por el pasillo de los alimentos ricos en grasas e ignorar los aperitivos y los dulces. Muchos ingredientes están disponibles en versiones más saludables. Los productos cotidianos con un alto contenido en grasa pueden sustituirse fácilmente por versiones bajas en grasa: compre leche desnatada o semidesnatada en lugar de entera, o yogures desnatados, en lugar de los normales. Pruebe la nata ligera y ya vera cómo no echa de menos la nata entera. La margarina de girasol puede usarse en lugar de la mantequilla en la mayor parte de cocciones.

Vuelva a repasar la asombrosa variedad de frutas y verduras existente. Experimente con nuevos tipos de ensaladas y diviértase con la fruta. La piña y el mango contienen tanta vitamina C como las naranjas y el kiwi. Aunque comprar frutas y verduras de estación y de producción nacional es lo ideal, en la sección de refrigerados de su supermercado encontrará productos más inusuales con los que tentar a su familia. Las habas de soja, las habas baby o el maíz congelado, así como las frutas congeladas, por ejemplo, frambuesas y los arándanos, son perfectas para los pudines de invierno.

En la sección de la carne pueden encontrarse también algunas alternativas saludables. El cerdo puede ser uno de los cortes más magros, siempre y cuando se opte por lomo y no por panceta. La carne picada de cerdo también es fácil de encontrar, o puede comprar filetes y picarlos usted mismo. Si prefiere el cordero, elija chuletas de pierna en lugar de cortes más grasos.

La pechuga es la parte más magra del pollo, pero todavía puede reducir más su contenido graso comprándolas sin piel o quitándoselas usted mismo. El pavo es también una opción baja en grasa, así que puede plantearse reemplazar el jamón del bocadillo del almuerzo por pavo cocido.

No se olvide de comprar aceite saludable para cocinar. Un aceite en espray le permitirá transformar comidas bañadas en aceite en versiones bajas en grasa. Si no puede encontrar un espray, elimine el exceso de aceite de la sartén con papel de cocina antes de freír cebollas o ajo.

Otra forma sencilla de reducir su ingesta de grasas saturadas es comer pescado en lugar de carne dos o tres veces a la semana. Los supermercados suelen

Un sartén o wok antiadherente, grande y de buena calidad no tiene precio. Una sartén antiadherente le permite cocinar alimentos en seco sin que se peguen, aunque recuerde que la temperatura para cocinar en seco debe ser la correcta: si es demasiado baja, el alimento se pegará a la sartén; demasiado alta, y se quemará sin hacerse por dentro. Asimismo, necesitará utensilios antiadherentes para proteger la superficie de la sartén.

Un grill le permitirá transformar un simple filete de pescado en una delicia mediterránea. También podrá cocinar unas chuletas y otros cortes de carne mientras deja que pierda la grasa. Asegúrese de que el grill está realmente caliente: puede tardar 10 minutos en calentarse. Compre una sartén gruesa que mantenga bien el calor. Las parrillas eléctricas funcionan igual, aunque son más fáciles de limpiar. Todos los modelos permiten cocinar mientras se elimina el exceso de grasa.

tener excelentes secciones de pescadería y es fácil encontrar pescado congelado. Un simple filete de pescado fresco, sazonado y hecho rápidamente a la plancha constituye una comida deliciosa y saludable.

Los pasteles y las galletas industriales contienen una gran cantidad de grasa, y a menudo de la peor calidad. Pase de largo por la sección de dulces y compre ingredientes para hacerlos en casa. Aunque sus pasteles y galletas caseros contendrán algo de grasa, siempre podrá controlar el tipo y elegir grasas vegetales y bajas en calorías.

equipo

Una vaporera es una buena inversión si quiere reducir su ingesta de grasa. Las vaporeras cocinan rápida y limpiamente varias cosas a la vez y con una sola fuente de calor. Comprobará que las verduras al vapor son tan sabrosas que no echará de menos la sal, y no se perderá ninguna de sus propiedades en el agua.

métodos

En lugar de freír los alimentos, hágalos a la parrilla o asados. Ponga la chuleta de cordero o su filete bajo el grill y la grasa se escurrirá a la bandeja inferior. Cocinar a la plancha o asar también permite añadir sabores. Por ejemplo, puede aderezar el salmón con rodajas de limón o añadir un picadillo de hierbas al propio jugo de las pechugas de pollo.

Las verduras fritas también suelen poder hacerse al horno. Si quiere preparar unas patatas fritas crujientes, eche un poco de aceite y condimentos a las patatas cortadas en barritas o gajos y métalas en el horno precalentado, a 200 °C, a 6 si es de gas, durante unos 20 minutos.

Piénselo con antelación y prepare guisos y estofados el día anterior. Si los deja reposar una noche en el frigorífico, estarán más sabrosos y la grasa se solidificará en la superficie de manera que podrá eliminarla fácilmente.

sugerencias de presentación.

Un plato delicioso, equilibrado y bajo en grasa, puede resultar más atractivo con algunos cambios en la presentación. Servir la comida en platos de menor tamaño es un buen punto de partida para reducir la ingesta global de calorías. Una ración media en un plato pequeño parecerá más abundante que la misma cantidad en un plato mayor.

Si le gusta añadir mantequilla a las patatas asadas, pruebe a poner yogur griego en su lugar. En vez de servir el pan con mantequilla, acompáñelo con un poco de aceite para untar. Si unta margarina en una tostada caliente, no echará de menos la mantequilla. Rociar la macedonia con un delicioso *coulis* de frambuesa, fácil de encontrar en los supermercados, es una opción más saludable para usted y su familia que una cucharada de nata montada.

En lugar de tomar mayonesa industrial, pruebe algún otro condimento o un chutney. El *chutney* de mango acompaña muy bien a muchas recetas, y el aliño de lima es un excelente aderezo para el salmón. Use tomate para que la hamburguesa sea más divertida.

La clave para preparar una cocina baja en grasas es usar muchos condimentos para reemplazar el sabor de la grasa. Prepare unas verduras variadas y no echará de menos una salsa cremosa. Pruebe combinaciones inusuales, como calabacines y pimiento rojo, o habas y judías verdes, para despertar a sus aburridas papilas gustativas. Eche unos pimientos asados sobre las patatas cocidas, o dé el toque final a unas verduras al vapor añadiéndoles cebollino picado, perejil y un poco de ralladura de limón.

Una vez que haya empezado a cambiar sus hábitos, no lamentará la decisión de seguir una dieta baja en grasa. Cuando se ingiere grasa innecesaria, el cuerpo debe gastar energía en procesarla y almacenarla. En cuanto reduzca su ingesta de grasas, notará la diferencia en sus niveles de energía. Y tener más energía significa que se sentirá más activo, y por tanto podrá mejorar su salud general.

Disfrute de las recetas de este libro y ojalá su régimen bajo en grasas dure mucho.

cotidianos

cerdo picante, arroz frito y verduras

4 raciones
tiempo de preparación
  15 minutos, más tiempo
  de adobado
tiempo de cocción **20 minutos**

200 g de **arroz basmati**
2 cucharadas de **salsa hoisin**
2 **dientes de ajo** aplastados
5 cm de **raíz fresca**
  de jengibre rallada
1 **chile rojo** laminado
1 **anís estrellado**
1 cucharada de **puré**
  de tomate seco
300 g de **lomo de cerdo**,
  en filetes finos
un espray con **aceite de girasol**
1 **cebolla roja**, picada
125 g de **col** o **repollo**
  verde, picados finos
1 **zanahoria** en rodajas finas
semillas de sésamo tostadas
  para servir

Cocine el arroz en agua hirviendo con sal durante 16-18 minutos. Escurra y reserve.

Mientras, mezcle la salsa de hoisin, el ajo, el jengibre, el chile y el puré de tomate. Introduzca el cerdo en el adobo, tape y deje reposar 1 hora.

Ponga un wok a fuego fuerte y rocíelo con aceite. Saque el cerdo del adobo (deseche el restante) y cocine la carne en el wok 1 minuto. Añada la cebolla, la col, la zanahoria y, por último, el arroz. Mezcle y remuévalo todo junto a fuego fuerte durante 3 minutos, hasta que el arroz esté caliente. Sirva con las semillas de sésamo por encima.

Para preparar cordero con hoisin y fideos salteados, use 300 g de chuletas de cordero en lugar de cerdo y prescinda del arroz y del puré de tomate. Marine y saltee el cordero con las verduras tal y como se indica en la receta. Añada 3 paquetes de 150 g de fideos de arroz para hacer en el wok (o fideos de arroz secos, cocinados según las instrucciones del paquete) y saltee 1 minuto, hasta se caliente. Espolvoree unas hojas de cilantro fresco picado en lugar de semillas de sésamo y sirva.

pollo satay

4 raciones
tiempo de preparación
10 minutos, más tiempo
de adobado
tiempo de cocción **10 minutos**

25 g de **mantequilla
de cacahuete**
125 ml de **salsa de soja**
125 ml de **zumo de lima**
15 g de **curry**
2 **dientes de ajo** picados
1 cucharadita de **salsa
de chile picante**
6 **pechugas de pollo**,
deshuesadas y sin piel
de unos 125 g cada una,
en dados

Moje 12 broquetas de madera en agua tibia. Mezcle
la mantequilla de cacahuete, la salsa de soja, el zumo
de lima, el curry en polvo, el ajo y la salsa de chile picante
en un cuenco grande.

Ponga el pollo en el adobo y guárdelo en el frigorífico
durante 8 horas o toda la noche.

Pinche el pollo en las broquetas y colóquelas en una fuente
forrada con papel de aluminio. Cocínelas bajo el grill 5 minutos
por cada lado.

Para preparar cerdo satay, adobe los dados de carne
de cerdo en una mezcla de 1 diente de ajo aplastado,
½ cucharadita de comino y otra ½ de canela, 1 cucharadita
de cilantro y otra de cúrcuma, 2 cucharadas de azúcar
blanquilla, 2 cucharaditas de zumo de lima, 4 cebolletas
picadas finas y 2 cucharadas de aceite de oliva. Pinche
los dados en las broquetas y cocine como se indica
en la receta.

pollo con limón y perejil

4 raciones
tiempo de preparación
5 minutos
tiempo de cocción **8 minutos**

4 pechugas de pollo sin hueso
y sin piel de 125 g cada una
1 cucharadita de **aceite de
oliva**
25 g de **mantequilla**
2 cucharadas de **zumo de limón**
2 cucharadas de **perejil** picado
1 cucharada de **orégano** picado
sal y **pimienta**
rodajas de limón para servir

Corte la pechuga de pollo por la mitad, horizontalmente, con un cuchillo afilado. Pase el pollo a una fuente forrada con papel de aluminio y sazone.

Eche el aceite, la mantequilla, el zumo de limón, el perejil y el orégano en un cazo y caliéntelo todo hasta que la mantequilla se funda. Vierta esta mezcla sobre el pollo.

Cocine el pollo, por tandas, bajo el grill durante 4 minutos, hasta que esté hecho pero sea jugoso. Sirva inmediatamente con rodajas de limón y, si quiere, pasta integral.

Para preparar rollitos de pollo picante con ensalada, añada un chile rojo sin semillas y picado al perejil y al orégano y cocine como se indica en la receta. Caliente 8 tortillas de trigo en la parte inferior de la parrilla mientras se cocina el pollo. Mezcle 150 g de berros y roqueta y repártalos por encima de las tortillas. Corte el pollo en filetes finos y colóquelo sobre las hojas; a continuación enrolle las tortillas y sírvalos con rodajas de limón.

kebabs de ternera y pimientos

4 raciones
tiempo de preparación
15 minutos, más tiempo
de adobado
tiempo de cocción **15 minutos**

400 g de **ternera**, cadera
o tapa
1 **pimiento rojo**, sin corazón
ni semillas
1 **pimiento verde**, sin corazón
ni semillas
1 cucharadita de **semillas
de cilantro** aplastadas
2 cucharadas de **aceite vegetal**
15 g de **cilantro fresco** picado
1 **chile rojo**, sin semillas
y picado
1 **diente de ajo**, aplastado
2 cucharadas de **zumo de lima**
4 **panes de pita**
sal y pimienta

Moje 8 broquetas de madera en agua tibia. Corte la ternera
y los pimientos en dados de 2,5 cm.

Mezcle las semillas de cilantro, las 2 cucharadas de aceite
y la mitad del cilantro picado en un cuenco y sazone. Añada
la ternera y los pimientos y mezcle con el adobo.

Pinche la ternera y los pimientos en las broquetas, tápelas
y guárdelas en frío hasta 1 hora.

Mezcle el resto del cilantro y el aceite restante con el chile,
el ajo y el zumo de lima para hacer un aliño; sazone al gusto
y reserve.

Ase las broquetas bajo el grill precalentado durante 15 minutos;
deles la vuelta a menudo y rocíelas con su jugo. Caliente
el pan de pita en la parrilla.

Sirva 2 broquetas por persona, sobre una pita caliente,
y rocíelas con el aliño de cilantro.

Para preparar cuscús de lima y cebollino, como
acompañamiento, ponga 250 g de cuscús en un cuenco,
eche por encima agua hirviendo hasta que quede cubierto
por 2,5 cm. Tape el cuenco y espere 5 minutos, hasta
que el cuscús absorba el agua y esté hinchado. Mezcle
la ralladura y el zumo de 1 lima con 3 cucharadas de
cebollino recién picado. Sirva con los *kebabs* y el aliño
de cilantro.

abadejo en *papillote* y arroz con coco

4 raciones
tiempo de preparación
15 minutos
tiempo de cocción **20 minutos**

4 filetes de **abadejo**,
  de unos 150 g cada uno
4 cucharaditas de **cilantro
  fresco** picado
1 **chile rojo** picado
1 **escalonia** picada finamente
1 **lima** en rodajas, y dos mitades
  para servir
2 **tallos de citronela**
  1 picado groseramente
  1 partido
200 g de **arroz tailandés**
  de jazmín
2 hojas de **combava**, frescas
  o secas
50 ml de **leche de coco**
  baja en grasas

Corte 4 trozos cuadrados de 30 cm de papel de horno.
Ponga un filete de pescado en el centro de cada trozo de papel
y eche sobre cada filete un poco de cilantro, chile, escalonia,
lima y citronela. Cierre totalmente los paquetes.

Coloque los paquetes en la bandeja del horno y cocínelos
en el horno precalentado a 180 °C, o 4 de gas, durante
20 minutos.

Mientras, ponga el arroz en una olla con 400 ml de agua,
la citronela partida y las hojas de lima. Cubra y deje hervir
a fuego lento 12 minutos. Cuando el arroz esté hecho
y haya absorbido el agua, mézclelo con la leche de coco.
Sírvalo con los paquetes de abadejo y algunas limas extra.

Para preparar salmón en *papillote* con arroz de sésamo,
use trozos de salmón de 150 g sin piel en lugar de abadejo
y rodajas de limón en lugar de lima; prescinda de la citronela.
Eche unas gotas de aceite de sésamo sobre cada trozo de
salmón y cocínelo como se indica en la receta. Prescinda
de las hojas de lima y la leche de coco para preparar el
arroz. Añada 2 cucharadas de semillas de sésamo tostadas
y 2 cebolletas picadas al arroz cocido y sirva junto al salmón,
con unas rodajas de limón para darle más sabor.

salmón sazonado a la cajún

4 raciones
tiempo de preparación
  15 minutos
tiempo de cocción **8 minutos**

2 cucharadas de **especias cajún**
1 cucharadita de **orégano seco**
4 **lomos de salmón**
  de unos 75 g cada uno
aceite de girasol, para pintar
gajos de lima, para acompañar

para la **salsa cajún**
410 g de **alubias negras**
  en conserva, aclaradas
  y escurridas
2 cucharadas de **aceite de oliva**
1 **aguacate**, pelado, sin hueso
  y picado
2 **tomates ciruela**, picados finos
1 **pimiento amarillo**, sin semillas
  y picado fino
2 cucharaditas de **zumo de lima**,
  sal y **pimienta**

Mezcle las especias cajún con el orégano en un cuenco hondo.

Pinte el salmón con un poco de aceite y embadúrnelo con la mezcla de especias; asegúrese de que el pescado queda completamente cubierto. Resérvelo.

Mientras, prepare la salsa mezclando todos los ingredientes en un cuenco. Corrija el punto de sal y reserve.

Cocine el salmón en una sartén, precalentada y sin aceite, 4 minutos por cada lado.

Corte el salmón y sírvalo con la salsa y con unas rodajas de lima para decorar.

Para preparar una salsa verde, seque y pique finos 6 filetes de anchoas en aceite y mézclelos con 3 cucharadas de albahaca picada, 3 cucharadas de perejil picado o cebollino, 2 cucharaditas de alcaparras picadas groseramente, 2 cucharaditas de mostaza de Dijon, 2 cucharaditas de aceite de oliva y 1 ½ cucharadas de vinagre de vino blanco.

broquetas de gambas aliñadas

4 raciones
tiempo de preparación
10 minutos
tiempo de cocción **10 minutos**

50 g de **pepinillos** picados finos
50 g de **pepino** picado fino
1 **escalonia** picada fina
50 ml de **aceite de oliva**
1 ½ cucharada de **vinagre
de vino blanco**
1 cucharada de **eneldo**
groseramente picado
400 g de **langostinos**
sal y **pimienta**

Moje 12 broquetas de madera en agua tibia. Mezcle
los pepinillos, el pepino y la escalonia en un plato pequeño.
En un cuenco diferente, mezcle el aceite, el vinagre
y el eneldo y sazone al gusto.

Ensarte unas 4 gambas en cada broqueta y cocínelas
bajo grill precalentado, durante 10 minutos, dándoles
la vuelta una o dos veces, hasta que las gambas estén hechas.

Sirva las broquetas en 4 platos. Eche el aliño en la mezcla
de pepinillos y remueva. Cubra las gambas con el aliño
y sírvalas con unas patatas nuevas, si lo desea.

**Para preparar broquetas de vieiras con salsa de pepino
y aguacate**, use 16 vieiras pequeñas sin huevas en lugar
de las gambas. Abra por la mitad 2 aguacates firmes, pero
maduros, deshuéselos, córtelos en daditos y mézclelos
con el pepino; prescinda de los pepinillos. Pinte las vieiras
ligeramente con aceite y páselas por la parrilla, 2-3 minutos
por cada lado, hasta que estén firmes y opacas. Sirva
las vieiras y el aderezo con patatas o arroz.

platija con corteza de coco y hierbas

4 raciones
tiempo de preparación
10 minutos
tiempo de cocción **15 minutos**

30 g de **coco deshidratado**
50 g de **pan rallado**
2 cucharadas de **cebollino**
 rallado
una pizca de **pimentón**
4 **filetes de platija** sin piel
sal y **pimienta**
rodajas de lima para servir

Mezcle el coco, el pan rallado, el cebollino y el pimentón y sazone al gusto.

Coloque los filetes de pescado en una bandeja de horno, cúbralos con la mezcla de coco y cocínelos en un horno precalentado, a 180 °C, 4 si es de gas, durante 15 minutos.

Sirva el pescado con las rodajas de lima y acompañado de patatas asadas y ensalada de roqueta, si le gusta.

Para preparar lenguado al limón con corteza de almendras, sustituya los filetes de platija por 4 filetes de lenguado sin piel. Para la corteza, use 50 g de almendras laminadas en lugar de coco. Sirva el pescado con patatas, berros y rodajas de limón.

macarrones con tomates asados

4 raciones
tiempo de preparación
15 minutos
tiempo de cocción **15 minutos**

500 g de **tomates cherry,**
partidos por la mitad
2 cucharadas de **aceite de oliva**
2 **dientes de ajo,** finamente
picados
4-5 ramitas de **romero**
una pizca de **pimentón**
o **chile en polvo**
375 g de **macarrones** integrales
2 cucharadas de **vinagre**
balsámico
4 cucharadas de **nata**
baja en grasa o ricotta
sal y **pimienta**
virutas de queso parmesano
para servir

Ponga los tomates en una fuente para asar, rocíelos
con aceite y espolvoréelos con ajo, las hojas de 3 ramitas
de romero, el pimentón o chile en polvo, y un poco de sal
y pimienta. Cocine en el horno precalentado, a 200 °C,
6 si es de gas, durante 15 minutos o hasta que estén blandos.

Mientras, cueza la pasta en una olla grande llena de agua
hirviendo durante 10 o 12 minutos o hasta que esté blanda;
escúrrala.

Añada el vinagre balsámico a los tomates; incorpore
la pasta escurrida y la nata o la ricotta y mezcle bien. Sirva
los macarrones en platos y añada unas virutas de parmesano.

Para preparar macarrones con tomates, piñones
y pasas, elimine el pimentón o el chile en polvo y añada
un puñado de piñones y pasas a la fuente para asar;
a continuación proceda como se indica en la receta. Sirva
los macarrones acompañados de dados de mozzarella
y deje que el queso se reblandezca antes de servir.

tagine de cordero y ciruelas con cebada

4 raciones
tiempo de preparación
15 minutos
tiempo de cocción **1 hora-**
1 hora y 15 minutos

aceite de oliva en espray
625 g de **cordero** en dados
   sin grasa
1 **cebolla roja**, picada
1 **zanahoria**, pelada y picada
1 cucharadita de **pimentón**
1 cucharadita de **cilantro molido**
1 cucharadita de **semillas**
   de hinojo
3 cm de una **barrita de canela**
2 **dientes de ajo**, aplastados
2 hojas de **laurel**
2 cucharadas de **zumo de lima**
750 ml de **caldo de pollo**
75 g de **ciruelas pasas**
400 g de **tomate triturado**
   en lata
65 g de **cebada perlada**
15 g de **cilantro fresco** picado,
   más unas ramitas para decorar
1 cucharada de **zumo de lima**
400 g de **cuscús**
sal y **pimienta**

Ponga sobre el fuego una olla grande o una cazuela de 2 l refractaria, rocíe un poco con aceite y cocine el cordero brevemente, por turnos si es necesario, hasta que se tueste. Saque el cordero con una espumadera, añada la cebolla y la zanahoria a la olla y cocínelas hasta que se doren. Vuelva a poner el cordero, añada el resto de los ingredientes y sazone al gusto.

Deje que el cordero se haga a fuego lento y tapado, durante 1 hora, o hasta que el cordero esté tierno. Al final de la cocción, añada el cilantro y el zumo de lima.

Mientras, prepare el cuscús siguiendo las instrucciones del paquete y espere 5 minutos. Sirva el *tagine* caliente sobre el cuscús y adorne con unas ramitas de cilantro.

Para preparar *tagine* de cerdo y orejones, sustituya el cordero por la misma cantidad de dados de cerdo, y las ciruelas pasas, por orejones de albaricoque. Tueste un puñado generoso de almendras partidas en una sartén sin aceite a temperatura media y échalas a la cazuela junto con los otros ingredientes.

hamburguesas de pavo y boniatos

4 raciones
tiempo de preparación
15 minutos, más tiempo
de refrigerado
tiempo de cocción **40 minutos**

750 g de **boniatos**, lavados
pero sin pelar, y cortados
en gajos
2 cucharadas de **aceite
de girasol**
500 g de **pavo** picado
½ **pimiento rojo**, sin corazón,
sin semillas y picado
325 g de **maíz dulce en lata**,
aclarado y escurrido
1 **cebolla** picada
1 **huevo** batido
6 **panecillos** integrales
sal y **pimienta**

Añada 1 cucharada de aceite a los gajos de patata, corrija la sazón y áselas en el horno precalentado, a 200 °C, 6 si es de gas, durante 30 minutos; deles la vuelta cada 15 minutos.

Mientras, mezcle en un cuenco grande la carne picada con el pimiento rojo, el maíz y la cebolla. Sazone al gusto y añada el huevo. Dé forma a 6 hamburguesas con la masa y guárdelas refrigeradas hasta cocinarlas.

Caliente el resto del aceite en una sartén llana, a fuego medio. Añada las hamburguesas, de 3 en 3, y cocínelas 2 minutos por cada lado hasta que estén tostadas. Páselas a una placa y acabe de hacerlas en el horno, debajo de los gajos de boniato, durante 15 minutos o hasta que estén hechas.

Corte los panecillos por la mitad y tuéstelos, con el lado del corte sobre el fuego, en una sartén caliente. Ponga unas hojas de lechuga y rodajas de tomate en cada panecillo, coloque la hamburguesa encima y sírvala con los gajos de boniato.

Para preparar hamburguesas de cordero y garbanzos, sustituya el pavo por 300 g de cordero picado. Tome 2 botes de 400 g de garbanzos y tritúrelos groseramente con un tenedor. Cuando mezcle todos los ingredientes, reemplace el maíz por garbanzos.

pollo con alubias rojas

4 raciones
tiempo de preparación
15 minutos
tiempo de cocción
20-25 minutos

aceite de girasol en espray
1 **cebolla**, groseramente picada
1 **pimiento rojo** sin corazón,
  sin semillas y groseramente
  picado
1 **diente de ajo**, partido
  por la mitad
250 g de **muslos de pollo**,
  deshuesados y sin piel,
  cortados en dados de 3 cm
2 cucharaditas de **chile
  en polvo suave**
200 g de **arroz de grano largo**
410 g de **alubias rojas
  en conserva**, aclaradas
  y escurridas
395 g de **tomates cherry
  en conserva**, en su jugo
  natural
200 ml de **caldo de pollo**
sal y **pimienta**

para **servir**
hojas de cilantro fresco,
  groseramente picadas
rodajas de lima

Caliente una sartén grande, con el mango resistente al fuego, y rocíela con un poco de aceite. Añada la cebolla, el pimiento rojo, el ajo y el pollo y cocínelos, removiendo, a fuego medio durante 3 minutos.

Añada el chile en polvo, el arroz, las alubias, los tomates y el caldo a la sartén; sazone al gusto, lleve a ebullición y cocine a fuego lento durante 15 minutos.

Cuando el arroz y el pollo estén hechos, ponga tanto pollo encima del arroz como pueda y acabe de cocinar el plato bajo el grill hasta que esté dorado.

Sirva el pollo con cilantro picado y gajos de lima.

Para preparar un guiso de pollo y garbanzos, sustituya las alubias por 410 g por garbanzos y añada ½ cucharadita de canela molida, el zumo de ½ limón y los otros ingredientes en un segundo paso. Prescinda del jengibre molido y de la ralladura de naranja. Cocine como se indica en la receta y adorne con hojas de menta en lugar de con gajos de limón.

cerdo con chile y arroz con piña

4 raciones
tiempo de preparación
20 minutos
tiempo de cocción **15 minutos**

2 cucharadas de **aceite
de girasol**
2 cucharadas de **zumo de lima**
2 **dientes de ajo**, aplastados
1 **chile rojo**, sin semillas
y finamente picado
300 g de **lomo de cerdo**
en dados
200 g de **arroz tailandés
aromático**
6 **cebolletas**, finamente picadas
200 g de **piña**, pelada
y en cubos
½ **cebolla roja**, cortada en gajos
1 **lima**, cortada en gajos
sal y **pimienta**
salsa de chile dulce preparada
para servir

Moje 8 broquetas de madera en agua tibia. Mezcle el aceite, el zumo de lima, el ajo, el chile, la sal y la pimienta en un cuenco; añada el cerdo y remueva para que se empape. Tápelo y guárdelo refrigerado al menos 1 hora.

Mientras, cocine el arroz en agua hirviendo, ligeramente salada, durante 12-15 minutos o siguiendo las instrucciones del paquete. Escúrralo y mézclelo con las cebolletas y la piña.

Pinche el cerdo en las broquetas, mézclelo con gajos de cebolla y lima, y áselo todo bajo el grill durante unos 10 minutos. Dé la vuelta a las broquetas frecuentemente y rocíelas con el adobo sobrante, hasta que el cerdo esté hecho por dentro.

Ponga las broquetas y el arroz en una fuente con salsa de chile dulce y sirva inmediatamente.

Para preparar jamón con chile, sustituya el cerdo por 300 g de dados de jamón y añada 1 pimiento verde, cortado en rodajas en lugar de lima. Cuando pinche el jamón en las broquetas, altérnelo con los trozos de cebolla y pimiento. Sirva acompañado de *chutney* de mango en lugar de salsa de chile dulce.

rápidos

sopa miso con fideos y pollo

4 raciones
tiempo de preparación
15 minutos
tiempo de cocción **20 minutos**

aceite de girasol en espray
5 cm de **raíz fresca de jengibre**,
   pelada y picada
3 **dientes de ajo**, aplastados
una pizca de **chile** aplastado
3 cucharadas de **pasta de miso**
2 cucharadas de **zumo de lima**
200 g de **fideos finos de huevo**
2 **pechugas de pollo**, de 125 g
   cada una, en tiras finas
125 g de **setas shitake**
   laminadas
65 g **maíz** picado
200 g de **tirabeques**,
   partidos por la mitad
85 g de **berros**,
   sin los pedúnculos duros
salsa de soja, para servir

Caliente una olla grande, rocíe aceite en el fondo, añada el jengibre, el ajo y los chiles y saltee durante un 1 minuto. Añada 1,8 l de agua hirviendo y llévela a ebullición. Mezcle la pasta de miso, el zumo de lima y los fideos, y cocine 1 minuto. Cubra y reserve.

Caliente un wok o una sartén grande, rocíela con aceite y saltee el pollo, los champiñones y el maíz durante 2-3 minutos. Añada los guisantes y cocine durante 2 minutos.

Sirva la sopa en 4 cuencos, añada las verduras y el pollo, y ponga los berros por encima. Sirva la salsa de soja al lado.

Para preparar sopa de miso vegetal con tiras de tortilla, prescinda del pollo y prepare 2 tortillas con 2 huevos y 2 cebolletas cada una. Cuando las tortillas estén cuajadas, enróllalas y córtelas en tiras; a continuación sírvalas encima de la sopa con las verduras.

pasta de habas y hierbas

4 raciones
tiempo de preparación
5 minutos, más tiempo
de refrigerado
tiempo de cocción
15 minutos

375 g **habas frescas**
o congeladas
50 g de **perejil**,
groseramente picado
50 g de **cilantro fresco**,
groseramente picado
1-2 **chiles verdes**,
sin semillas y picados
2 **dientes de ajo**, picados
1 ½ cucharadita de **comino
molido**
3 cucharadas de **aceite de oliva**
1 **cebolla**, en rodajas finas
sal y **pimienta**

Cueza las habas en agua hirviendo, ligeramente salada, durante 5 minutos. Añada el perejil y el cilantro; cubra y deje hervir a fuego lento unos 5 minutos largos. Escurra y reserve un poco del agua de cocción.

Mezcle las habas con los chiles, el ajo, el comino, 2 cucharadas de aceite y 3-4 cucharadas del líquido de cocción reservado en un robot de cocina o en una batidora. Triture todos los ingredientes hasta obtener una pasta fina y sazone al gusto. Añada un poco más del líquido de cocción si la mezcla queda demasiado seca. Sírvalo en un plato y deje enfriar.

Caliente el resto del aceite en una sartén antiadherente y fría la cebolla a fuego vivo hasta que esté dorada y crujiente. Repártala sobre la pasta. Si le gusta, puede servirla con pan de pita integral y verduras.

Para preparar pasta de berenjenas, hornee dos berenjenas envueltas en papel de aluminio en el horno precalentado, a 180 °C, 4 si es de gas, durante 30-45 minutos. Triture la pulpa con 2-3 dientes de ajo aplastados, 2 cucharadas de aceite de oliva y 1 cucharada de zumo de limón. Sazone al gusto.

perca al teriyaki con fideos

4 raciones
tiempo de preparación
5 minutos
tiempo de cocción
10 minutos

aceite de girasol en espray
4 **filetes de perca**,
de unos 175 g cada uno
250 g de **fideos de huevo medianos**
1 cucharada de **aceite de sésamo**
2 cucharadas de **cebollino** finamente picado
3 **cebolletas**, finamente picadas

para la **salsa teriyaki**
75 ml de **mirin** o de **jerez seco**
75 ml de **salsa de soja ligera**
75 ml de **caldo de pollo**

Prepare la salsa teriyaki. Ponga el mirin o el jerez seco en un cazo, llévelo a ebullición y déjelo hervir durante 2 minutos o hasta que se reduzca a la mitad. Añada la salsa de soja, remueva y aparte el cazo del fuego.

Forre una bandeja con papel aluminio, rocíela con aceite y coloque en ella los filetes de perca. Pinte el pescado con la salsa teriyaki y cocínelo en el grill precalentado, durante 5-6 minutos, remojándolo a menudo con la salsa.

Mientras, cueza los fideos en agua hirviendo, ligeramente salada, durante 3 minutos, o según lo que indiquen las instrucciones del paquete. Seque y añada el aceite de sésamo, el cebollino y las cebolletas.

Sirva las percas en una cama de fideos calientes y rocíelas con los jugos de la parrilla.

Para preparar tofu al teriyaki con col salteada, cambie la perca por 2 paquetes de 250 g, cada uno, de tofu. Filetéelo horizontalmente y cocine como se indica en la receta. Mientras tanto, saltee 250 g de col china trinchada y 1 pimiento rojo en tiras. Sirva el tofu caliente en una cama de col salteada.

kebabs de cordero adobado con menta

4 raciones
tiempo de preparación
15 minutos, más tiempo
de adobado
tiempo de cocción **10 minutos**

1 **diente de ajo**, aplastado
2 cucharadas de **menta picada**
1 cucharada de **salsa
de menta preparada**
150 g de **yogur natural
desnatado**
375 g de **cordero** en dados
2 **cebollas** picadas, cortadas
en gajos pequeños
1 **pimiento verde**, sin corazón,
sin semillas y en tiras
gajos de limón para servir

Mezcle el ajo, la menta, la salsa de menta y el yogur en un cuenco mediano, añada el cordero y remuévalo bien. Cúbralo y deje que se adobe en frío durante 10 minutos.

Pinche el cordero y los trozos de cebolla y pimiento en 8 broquetas de metal y hágalos en el grill precalentado durante 8-10 minutos o hasta que estén bien hechos.

Sirva los *kebabs* con rodajas de limón y, si le gusta, acompáñelos con ensalada verde y cuscús.

Para preparar *kebabs* de cordero chinos, adobe el cordero en una mezcla de 5 cm de raíz fresca de jengibre pelada y rallada, 4 cucharadas de salsa de soja y jerez seco, 1 cucharada de azúcar lustre y 1 cucharada de zumo de limón. Cocine como se indica en la receta.

enchiladas de atún

4 raciones
tiempo de preparación
   10 minutos
tiempo de cocción
   15 minutos

2 **tomates maduros**
1 **cebolla roja**, pelada
   y finamente picada
1 cucharada de **zumo de lima**
   o **al gusto**
8 **tortillas de trigo**
300 g de **atún en lata**
   al natural, escurrido
150 g de **queso Cheddar**
   bajo en grasa, rallado
sal y **pimienta**
cilantro fresco, picado,
   para decorar

Pique los tomates y mézclelos con la cebolla. Sazónelos bien y añada zumo de lima al gusto.

Eche un poco de la mezcla de tomates sobre cada tortilla, ponga encima el atún y la mitad del queso. Enrolle las tortillas y colóquelas en una fuente que soporte el calor. Esparza el queso sobrante por encima y la salsa de tomate que quede.

Cubra y cocine en un horno precalentado, a 200 °C, 6 si es de gas, durante 15 minutos, hasta que esté dorado. Adorne con cilantro y sirva inmediatamente.

Para preparar enchiladas vegetarianas, lamine y cocine 12 champiñones y 2 calabacines, y añádalos en lugar del atún. Para darle un toque picante extra, añada un jalapeño picado y sin semillas al tomate y la cebolla.

salmón con cuscús de trigo bulgur

4 raciones
tiempo de preparación
10 minutos
tiempo de cocción
10-15 minutos

475 g de **salmón**
sin espinas, ni piel
250 g de **trigo bulgur**
75 g de **guisantes congelados**
200 g de **judías verdes**, picadas
2 cucharadas de **cebollino picado**
2 cucharadas de **perejil picado**
sal y **pimienta**

para **servir**
2 **limones** en rodajas
yogur desnatado

Cocine el salmón en una vaporera o en el microondas durante unos 10 minutos. Como alternativa, cocínelo envuelto en papel aluminio en el horno precalentado, a 180 °C, 4 si es de gas, durante 15 minutos.

Mientras, prepare el trigo bulgur según las instrucciones del paquete y cueza los guisantes y las judías. También puede cocinar el trigo bulgur, los guisantes y las judías en la vaporera con el salmón.

Desmenuce el salmón y mézclelo con el trigo bulgur, los guisantes y las judías. Añada el cebollino y el perejil y corrija la sazón. Sirva inmediatamente con las rodajas de limón y el yogur.

Para preparar jamón y cuscús de trigo bulgur, saltee 300 g de jamón magro en lugar de salmón. Reemplace las judías verdes por la misma cantidad de habas y añada 2 cucharadas de menta picada al cebollino y el perejil.

cordero con hummus y tortillas

4 raciones
tiempo de preparación
30 minutos, más tiempo
de adobado
tiempo de cocción **12 minutos**

500 g de **carne de cordero**,
cortado en tiras de 15 mm
ralladura y el **zumo** de 1 **limón**
1 **ramita de romero**, picado
3 **pimientos variados**,
sin corazón, sin semillas,
en tiras
1 **berenjena pequeña**,
en tiras
4 **tortillas de harina**

para el **hummus**
410 g de **garbanzos
en conserva**, aclarados
y escurridos
2 cucharadas de **yogur griego**
2 cucharadas de **zumo de limón**
1 cucharada de **perejil picado**

Ponga el cordero, la ralladura y el zumo de limón, el romero y los pimientos en un cuenco que no sea metálico y mézclelo bien. Tápelo y déjelo marinar en el frigorífico durante 30 minutos.

Mientras, ponga los ingredientes del hummus en un robot de cocina o en la batidora y tritúrelos durante 30 segundos. Sírvalo en un cuenco.

Caliente una plancha o una sartén gruesa, ponga el cordero, los pimientos variados y la berenjena, si es necesario por tandas, y fríalos 3-4 minutos, hasta que estén hechos.

Caliente las tortillas según las instrucciones del paquete. Cuando el cordero y las verduras estén listos, enróllelos en las tortillas con el hummus y sirva con un poco de roqueta, si le gusta.

Para preparar verduras asadas con hummus, corte las siguientes verduras en tiras: 1 berenjena, 1 pimiento rojo, 2 calabacines y 1 cebolla roja. Rocíelas con aceite de oliva y espolvoree 1 cucharadita de tomillo picado. Áselas en un horno precalentado, a 200 °C, 6 si es de gas, durante 45 minutos. Cuando las verduras estén tiernas, enróllelas en las tortillas calientes con el hummus, preparado como se indica en la receta.

cerdo con pimientos rojos y fideos

4 raciones
tiempo de preparación
30 minutos
tiempo de cocción
10 minutos

150 g de **fideos de arroz planos**
aceite de girasol en espray
3 **cebolletas** cortadas
1 **pimiento rojo** en dados
2 hojas de **combava**, picadas
2 **chiles rojos**, sin semillas
   y cortados
½ tallo de **citronela**,
   finamente picado
450 g de **lomo de cerdo** picado
2 cucharadas de **salsa de soja**
175 ml de **salsa de pescado**
   tailandesa
65 g **azúcar de palma**
   o **azúcar lustre**

para **adornar**
albahaca roja
   u **hojas de albahaca**
cebolletas picadas

Cueza los fideos siguiendo las instrucciones del paquete.

Caliente un wok o una sartén grande y rocíe ligeramente aceite con el espray. Añada las cebolletas, el pimiento rojo, las hojas de lima, los chiles y la citronela y saltéelos 1 minuto. Incorpore la carne de cerdo picada y saltee a fuego vivo durante 2 minutos.

Añada la salsa de soja, la salsa de pescado, el azúcar y los fideos escurridos, y cocínelo todo durante 2 minutos; use 2 cucharas para remover y mezclar hasta que los fideos estén empapados de la salsa y calientes.

Sirva el plato inmediatamente con hojas de albahaca y cebolletas picadas.

Para preparar carne de cerdo con pimiento rojo, naranja y miel, prescinda de las hojas de lima, del tallo de citronela, de la salsa de pescado y del azúcar. Saltee el cerdo, como se indica en la receta, con las cebolletas, el pimiento rojo y los chiles; a continuación añada la salsa de soja, la ralladura de la piel de 1 naranja y 3 cucharadas de zumo de naranja fresca y miel. Añada los fideos escurridos y cocine como se indica en la receta. Sirva el plato acompañado de rodajas de naranja.

broquetas de pescado con citronela

4 raciones
tiempo de preparación
10 minutos
tiempo de cocción **5 minutos**

500 g de **filetes de abadejo**
sin piel y sin espinas,
desmenuzados
1 cucharada de **menta picada**
2 cucharadas de **cilantro
fresco picado**
2 cucharadas de **pasta
de curry rojo tailandés**
2 **hojas de lima**, finamente
picadas, o la **piel rallada**
de 1 lima
2 tallos de **citronela**,
cortados en 4 a lo largo
aceite de girasol, para pintar

para **servir**
salsa de chile dulce preparada
4 rodajas de **lima**

Triture el abadejo, la menta, el cilantro, la pasta de curry y las hojas de lima con un robot de cocina o una batidora durante 30 minutos, hasta obtener una masa homogénea.

Moldee la masa alrededor de las broquetas formadas por el tallo de la citronela.

Píntelas con un poco de aceite y áselas en la parilla durante 4-5 minutos o hasta que estén bien hechas. Sírvalas con un poco de salsa de chile dulce y rodajas de lima.

Para preparar broquetas de pez espada con romero, sustituya el abadejo por 500 g de pez espada sin espina y la citronela por 8 tallos de romero; prescinda de la pasta de curry y el cilantro. Moje los tallos de romero en agua. Mezcle el pez espada con la menta y la ralladura de un limón. Sazone bien y moldee la pasta alrededor del tallo de romero. Cocine como se indica en la receta y sírvalo con rodajas de limón. Quizás necesite proteger los trozos de tallo de romero con papel de aluminio cuando mientras estén en el grill.

guiso de alubias con pesto de perejil

4 raciones
tiempo de preparación
15 minutos
tiempo de cocción **20 minutos**

75 g de dados de **panceta**
1 **cebolla** picada
1 **diente de ajo**, picado
1 cucharada de **tomillo** picado
1 **zanahoria**, pelada y en dados
400 g de **alubias cannellini**,
en conserva, aclaradas
y escurridas
400 g de **tomates triturados**
en conserva
200 ml de **caldo de pollo**
1 cucharada de **puré de tomate**
½ cucharadita de **mostaza**
en polvo
sal y **pimienta**
virutas de queso parmesano,
para servir

para el **pesto de perejil**
20 g de **hojas de perejil**
1 **diente de ajo**
25 g de **piñones tostados**
1 cucharada de **aceite de oliva**
virgen extra

Caliente una sartén grande antiadherente y saltee la panceta hasta que esté blanda. Añada la cebolla, el ajo, el tomillo y la zanahoria; a continuación mézclelo todo con las alubias, los tomates, el caldo, el puré de tomate y la mostaza en polvo. Corrija la sazón y deje hervir a fuego lento durante 10 minutos o hasta que la salsa se espese.

Mientras, haga el pesto. Mezcle el perejil, el ajo, los piñones y el aceite y corrija la sazón.

Sirva las alubias con la panceta junto con el pesto de perejil y las virutas de parmesano.

Para preparar una ensalada de pesto de perejil, cueza 200 g de arroz de grano largo durante 12 minutos o hasta que esté blando; después escúrralo, aclárelo con agua fría y escúrralo de nuevo. Mezcle una lata de 400 g de alubias cannellini en conserva, escurridas y aclaradas, 150 g de tomates cherry partidos por la mitad, 1 pimiento rojo sin semillas y picado, y el pesto.

gambas con hojas verdes

4 raciones
tiempo de preparación
10 minutos
tiempo de cocción **5 minutos**

aceite de oliva en espray
20 **gambas grandes** crudas
sin pelar
1 **diente de ajo** picado
125 g de **tomates ciruela,**
picados
50 g de **roqueta**
50 g de **hojas de espinaca,**
sin los tallos duros
50 g de **berro,** sin los
pedúnculos duros
1 cucharada de **zumo de limón**
sal y **pimienta**

Caliente una cacerola grande, rocíela con aceite, eche las gambas y el ajo y sazone al gusto. Tápelas y cocine, moviendo la cazuela de vez en cuando durante unos 3 minutos o hasta que las gambas estén hechas.

Añada los tomates, la roqueta, las espinacas y los berros; remueva hasta que se calienten. Eche por encima el zumo de limón y compruebe la sazón.

Sirva inmediatamente, con pan francés si lo desea.

Para preparar champiñones con ajos y hojas verdes, sustituya las gambas por 350 g de champiñones enteros y cocínelos con el ajo como se indica en la receta. Saque los champiñones de la sartén mientras calienta las hojas y los tomates; vuelva a añadirlos brevemente a la sartén. Sírvalos acompañados de ralladura de limón y perejil.

fajitas de pollo con salsa de tomate

4 raciones
tiempo de preparación
15 minutos, más tiempo
de enfriado
tiempo de cocción **10 minutos**

1 cucharada de **aceite de oliva**
1 **cebolla roja grande**,
en rodajas finas
1 **pimiento rojo**, sin corazón,
sin semillas y en tiras finas
1 **pimiento amarillo**,
sin corazón, sin semillas
y en tiras finas
450 g de **pechugas de pollo**
sin piel, en tiras finas
$1/8$ de cucharadita de **pimentón**
$1/8$ de cucharadita de **chile**
en polvo suave
$1/8$ de cucharadita de **comino**
$1/4$ de cucharadita de **orégano**
4 **tortillas de harina blandas**
$1/2$ **lechuga iceberg**,
finamente picada

para la **salsa de tomate**
1 **cebolla roja** picada fina
425 g de **tomates maduros**
pequeños, picados
2 **dientes de ajo**, aplastados
un puñado generoso de hojas
de **cilantro fresco** picadas
pimienta

Prepare la salsa. Mezcle la cebolla, los tomates, el ajo y el cilantro en un cuenco. Sazone con pimienta, cubra y deje enfriar durante 30 minutos.

Caliente el aceite en un wok o en una sartén grande antiadherente, añada la cebolla y los pimientos y saltéelos de 3 a 4 minutos. Añada el pollo, el pimentón, el chile en polvo, el comino y el orégano, y cocínelo todo durante 5 minutos más o hasta que el pollo esté hecho.

Mientras, envuelva las tortillas en papel de aluminio y caliéntelas en el horno 5 minutos o siguiendo las instrucciones del paquete.

Sirva $1/4$ del guiso de pollo en el centro de cada tortilla, añada 2 cucharadas de salsa y un poco de lechuga picada. Enróllalas y sírvalas calientes.

Para preparar salsa de aguacates, pele, deshuese y corte en daditos 2 aguacates grandes y mézclelos con 4 tomates ciruela en dados, 1 cebolla roja picada, 300 g de alubias negras en conserva, escurridas y aclaradas, 2 cucharadas de cilantro fresco picado y la ralladura y el zumo de 1 lima.

pollo chino con pimientos

4 raciones
tiempo de preparación
10 minutos
tiempo de cocción
18 minutos

5 cm de **raíz de jengibre
fresca** rallada
2 **dientes de ajo** picados
2 **anises estrellados**
5 cucharadas de **salsa
de teriyaki** preparada
3 **pechugas de pollo** sin piel,
en dados
aceite de girasol en espray
½ **pimiento rojo**, sin corazón,
sin semillas y en dados
½ **pimiento verde**, sin corazón,
sin semillas y en dados
½ **pimiento amarillo**,
sin corazón, sin semillas
y en dados
2 **cebolletas** picadas
300 g de **arroz de grano largo**
600 ml de **caldo de pollo**

Mezcle el jengibre, el ajo, el anís estrellado y la salsa teriyaki.
Añada el pollo, remuévalo para que se empape y resérvelo
durante 10 minutos.

Mientras, rocíe un poco de aceite en una sartén, póngala
sobre el fuego y cocine los pimientos a temperatura media
durante 3 minutos. Añada la cebolla, el arroz y el pollo, y vierta
el caldo de pollo por encima. Compruebe la sazón y deje hervir
15 minutos a fuego lento. Sirva el plato caliente.

Para preparar cerdo con pimientos verdes y lichis,
reemplace el pollo por 450 g de carne de cerdo en
dados. Sustituya los pimientos por 1 ¹/₂ pimiento
verde en dados y añada a la sartén un bote de 400 g
de lichis escurridos junto con la cebolla, el arroz
y el cerdo.

frittata de calabacines a la menta

4 raciones
tiempo de preparación
10 minutos
tiempo de cocción
12-14 minutos

4 cucharaditas de **aceite
de oliva**
1 **cebolla roja**, picada fina
375 g de **calabacines** en dados
6 **huevos**
2 cucharadas de **menta picada**
sal y **pimienta**

Caliente el aceite en una sartén grande y antiadherente
con mango refractario; añada la cebolla y los calabacines
y saltéelos a fuego lento durante 5 minutos o hasta
que estén ligeramente dorados y hechos.

Bata los huevos con 2 cucharadas de agua, la menta picada
y una pizca de sal y pimienta. Vierta la mezcla en la sartén.
Cocine, sin remover, durante 4-5 minutos o hasta que la *frittata*
esté casi cuajada y la parte inferior esté un poco tostada.

Ponga la fuente en el grill caliente y cocine de 3 a 4 minutos,
hasta que la parte superior esté dorada y la *frittata* esté
cuajada. Córtela en porciones triangulares o cuadradas
y sírvala con una mezcla de ensaladas, si lo desea.

**Para preparar una *frittata* de jamón, olivas negras
y calabacines**, añada en la sartén 200 g de jamón cocido
en dados y 50 g de olivas negras, partidas por la mitad
y deshuesadas, junto con la cebolla y los calabacines.
Cocine como se indica en la receta y sirva con una ensalada
de tomates cherry, albahaca y unas hojas cortadas.

guiso de garbanzos con tomate

4 raciones
tiempo de preparación
10 minutos
tiempo de cocción
unos **30 minutos**

3 **dientes de ajo**, aplastados
3 **ramitas de romero**
1 kg de **tomates maduros**,
  partidos por la mitad
aceite de oliva en espray
1 **cebolla suave**, picada
2 cucharadas de **romero**
1 **chile rojo**, sin semillas
  y picado
50 ml de **caldo de verduras**
2 × 410 g **botes de garbanzos**,
  escurridos y aclarados
sal y **pimienta**

Mezcle el ajo con el romero y los tomates. Colóquelos sobre una placa de horno y cocínelos en el horno precalentado, a 200 °C, 6 si es de gas, durante 30 minutos.

Mientras, rocíe ligeramente una cazuela con aceite y cocine la cebolla durante 10 minutos. Añada el romero picado, el chile, el caldo y los garbanzos, corrija de sal; cúbralo todo y métalo en el horno durante 20 minutos o el resto del tiempo de cocción del tomate.

Cuando los tomates estén hechos, repártalos sobre los garbanzos junto con todos los jugos de la placa de horno. Compruebe la cocción y, si lo desea, sirva el guiso con patatas asadas y una ensalada verde.

Para preparar un guiso de salchicha con tomate, añada 4 calabacines a la cazuela junto con la cebolla. Cocine 4 salchichas de Toulouse, córtelas y repártalas sobre la cazuela cuando añada los tomates. Sirva con una ensalada de hojas verdes.

cordero asado con alcaparrones

4 raciones
tiempo de preparación
  10 minutos
tiempo de cocción
  10 minutos

4 **filetes de pierna de cordero**,
  de 125 g cada uno, sin grasa
6 cucharadas de **hojas de**
  perejil, picadas, y algunas
  más para decorar
1 **diente de ajo**, aplastado
12 **tomates secos**
1 cucharada de **zumo de limón**
1 cucharada de **aceite de oliva**
2 cucharadas de **alcaparrones**,
  escurridas
sal y **pimienta**

Sazone la carne y cocínela en el grill precalentado durante unos 5 minutos por cada lado hasta que ambos estén dorados.

Reserve 4 cucharadas de perejil picado. Mezcle el resto de perejil con el ajo, los tomates, el zumo de limón y el aceite.

Eche la salsa de tomate sobre el cordero. Espolvoree por encima las hojas de perejil picadas restantes y añada las alcaparras. Adorne con ramas de perejil enteras y sirva con pasta, si le gusta.

Para preparar cordero asado con tapenade, use tapenade de olivas negras en lugar del aliño y mezcle con el perejil. Para preparar su propia tapenade, triture 150 g de olivas negras deshuesadas, 3 cucharadas de aceite de virgen extra, 1 diente de ajo y 2 anchoas en un robot de cocina, y añada perejil picado y pimienta negra al gusto.

atún con sésamo y fideos picantes

4 raciones
tiempo de preparación
  10 minutos
tiempo de cocción
  10 minutos

300 g de **fideos vermicelli
de arroz**
50 g de **semillas de sésamo**
4 **filetes de atún**, de unos
  150 g cada uno

para el **aliño de chile**
2 **diente de ajo**, picados
5 cm de **raíz fresca de jengibre,**
  pelado y rallado
4 cucharadas de **salsa
  de chile dulce**
20 g de **hojas de cilantro
  fresco picado,** y algunas
  más para decorar
2 cucharadas de **aceite**
1 **chile** picado
2 cucharadas de **aceite
  de sésamo**
2 cucharadas de **vinagre
  de arroz**

Prepare el aliño mezclando todos los ingredientes.
Mientras tanto, cocine los fideos siguiendo las instrucciones
del paquete y resérvelos.

Reboce el atún por ambas caras presionando las semillas
de sésamo. Caliente una sartén grande y gruesa y saltee
el atún 1-2 minutos por cada lado, dependiendo del grosor,
hasta que esté rosa por el centro.

Lamine el atún. Sirva el aliño sobre los fideos calientes y
ponga los filetes de atún encima. Adorne con hojas de cilantro
y sirva inmediatamente.

Para preparar tofu con sésamo y setas shitake,
sustituya el atún por 2 trozos de tofu de 250 g, cada uno,
rebócelos con las semillas de sésamo y cocine como se
indica en la receta. Sáquelo de la sartén y filetéelo. Fría 250 g
de setas shitake en la sartén después del tofu y mézclalas
con 2 cebolletas picadas. Vierta las shitake y los trozos de
tofu sobre los fideos y sirva inmediatamente.

pizza rápida de prosciutto y roqueta

4 raciones
tiempo de preparación
10 minutos
tiempo de cocción **10 minutos**

4 **bases de mini pizzas**
2 **dientes de ajo**, partidos
por la mitad
250 g de **queso mozzarella
bajo en grasas**, rallado
8 **tomates cherry**, cortado
en cuartos
150 g de **prosciutto**, en tiras
50 g de **hojas de roqueta**,
lavadas
vinagre balsámico,
al gusto
sal y **pimienta**

Frote la superficie de las bases de pizza con los ajos
por la cara del corte.

Coloque las bases de pizza en una placa de horno, reparta
por encima la mozzarella y los tomates y cocínelas en el horno
precalentado, a 200 °C, 6 si es de gas, durante 10 minutos
hasta que la masa esté dorada.

Reparta las tiras de prosciutto y las hojas de roqueta sobre
las pizzas, sazone al gusto con sal, pimienta y vinagre de
balsámico y sirva inmediatamente.

Para preparar una pizza de atún y piña, escurra y corte
220 g de piña en conserva; escurra y desmigue 160 g
de atún en lata al natural. Reparta la piña y el atún sobre las
bases de pizza y después esparza por encima la mozzarella
y los tomates antes de cocinar como se indica en la receta.

rollito de gambas, mango y aguacate

4 raciones
tiempo de preparación
10 minutos, más tiempo
de reposo

2 cucharadas de **nata baja
en calorías**
2 cucharaditas de **ketchup**
unas gotas de **salsa de Tabasco**
al gusto
300 g de **gambas cocidas
peladas**
1 **mango** pelado
y en trozos pequeños
1 **aguacate** pelado, sin hueso
y cortado
4 **tortillas de harina**
100 g de **berros**

Mezcle la nata líquida, el ketchup y el Tabasco al gusto en un cuenco.

Añada las gambas, el mango y aguacate y mézclelo todo bien.

Extienda la mezcla sobre las tortillas, añada algunos berros, enróllelas y sírvalas.

Para preparar rollitos de pollo ácidos, adobe, durante 20 minutos, 300 g de pollo en una salsa de 1 cucharadita de zumo de lima o lima fresco, 1 cucharadita de salsa Worcestershire y 1 diente de ajo picado. Cocine el pollo en el grill, a temperatura media, durante 10 minutos, dándole la vuelta a menudo. Córtelo en tiras y añádalo en lugar de las gambas.

para una ocasión especial

pez espada con cuscús y salsa

4 raciones
tiempo de preparación
10 minutos
tiempo de cocción **10 minutos**

4 **filetes de pez espada**,
de unos 150 g cada uno
4-5 **tomates pequeños**
maduros
16 **olivas Kalamata**
encurtidas, escurridas
2 cucharaditas de **hojas
de perejil** picadas
sal y **pimienta**
200 g de **cuscús**

Sazone los filetes de pez espada con sal y pimienta.

Corte en dados o en cuartos los tomates y échelos en un cuenco junto con su jugo. Deshuese las olivas y pique la carne si los trozos son demasiado grandes. Mézclelas con los tomates y el perejil, sazone al gusto y reserve.

Prepare el cuscús siguiendo las instrucciones del paquete y resérvelo.

Mientras, cocine los filetes de pez espada, 2 por tanda, en una plancha caliente. Cocine por el primer lado 4 minutos, dele la vuelta y hágalo 1 minuto más.

Sirva el pez espada y el cuscús inmediatamente cubierto de la salsa de olivas y tomate y con una ensalada verde como acompañamiento, si le gusta.

Para preparar merluza con pasta y salsa, sustituya el cuscús con 200 g de tallarines o con otro tipo de pasta, y cocínela siguiendo las instrucciones del paquete. Sustituya el pez espada por 4 filetes de merluza y cocínelos como se indica en la receta. Cuando la pasta esté hecha, mézclela con perejil picado y un puñado de alcaparras picadas. Sirva la merluza y la pasta como se indica en la receta, cubierta por la salsa.

arroz japonés con nori

4 raciones
tiempo de preparación
10 minutos
tiempo de cocción
15 minutos

225 g **arroz para sushi**
o **glutinoso**
2 cucharadas de **semillas
de sésamo negro** o **blanco**
1 cucharadita de **sal gorda**
1 cucharada de **aceite
de cacahuete** o **vegetal**
2 **huevos** batidos
4 **cebolletas** en juliana
1 **chile rojo**, sin semillas y picado
4 cucharadas de **vinagre
de arroz**
2 cucharaditas de **azúcar
blanquilla**
1 cucharada de **salsa de soja
ligera**
25 g de **jengibre japonés
encurtido**
2 **hojas de nori** tostadas (algas)

Ponga el arroz en una olla con 400 ml de agua. Lleve el agua a ebullición, baje el fuego y deje hervir sin cubrir, durante unos 5 minutos, hasta que se absorba el agua. Cubra la olla y déjela aparte durante unos 5 minutos, hasta que el arroz esté hecho.

Mientras, ponga las semillas de sésamo y la sal en una sartén a fuego moderado 2 minutos, hasta que las semillas estén tostadas. Sáquelas de la sartén y resérvelas.

Caliente el aceite en la sartén, añada los huevos y cocínelos a fuego medio hasta que estén cuajados. Pase la tortilla a una bandeja, enróllela y córtela a lo ancho en tiras.

Pase el arroz cocido a un cuenco y mézclelo con las cebolletas, el chile, el vinagre de arroz, el azúcar, la salsa de soja, el jengibre y la mitad de las semillas de sésamo tostadas. Desmenuce una hoja de nori sobre el arroz y añada las tiras de tortilla.

Pase el arroz a un plato. Desmenuce el resto de nori sobre el arroz, esparza las semillas de sésamo sobrantes y sirva el plato inmediatamente.

Para preparar ensalada de fideos y pollo, sustituya el arroz por 200 g de arroz de trigo y trigo sarraceno, cocinados siguiendo las instrucciones del paquete. Prescinda la tortilla y, en su lugar, saltee 200 g de pollo en tiras y cocinado en el aceite.

perca con salsa de tomate y albahaca

4 raciones
tiempo de preparación
10 minutos
tiempo de cocción
30 minutos

8 **tomates ciruelas**,
  partidos por la mitad
2 cucharadas de **zumo de limón**
ralladura de 1 **limón**,
  y un poco más para decorar
4 **filetes de perca**, de 150 g
  cada uno
2 cucharadas de **perejil picado**
2 cucharadas de **aceite de oliva
  extra virgen**
sal y **pimienta**

para **adornar**
hojas de albahaca
rodajas de limón

Prepare la salsa con 2 días de antelación. Coloque los tomates en una fuente de horno, sazone bien y cocínelos en el horno precalentado, a 200 ºC, 6 si es de gas, durante 20 minutos.

Ponga los tomates y los jugos de cocción en una sartén y caliéntela a fuego suave con el zumo y la ralladura de limón. Sazone al gusto y reserve hasta el momento de servir.

Sazone los filetes de pescado y cocine en el grill durante unos 10 minutos o hasta que el pescado esté totalmente hecho.

Mientras tanto, caliente la salsa. Añada la albahaca y aceite a la salsa y sírvala sobre el pescado. Adorne con hojas de albahaca, ralladura y rodajas de limón.

Para preparar langostinos con salsa de tomate
y albahaca, sustituya los filetes de perca por 16 langostinos crudos y pelados. Saltee los langostinos con un poco de aceite hasta que estén rosados y hechos. Prepare la salsa como se indica en la receta y sírvala sobre las gambas cocinadas.

salmón y lentejas de Puy con perejil

4 raciones
tiempo de preparación
15 minutos
tiempo de cocción
35 minutos

200 g de **lentejas de Puy**
1 **hoja de laurel**
200 g de **judías verdes finas**,
    picadas
2 cucharadas de **mostaza
    de Dijon**
2 cucharadas de **alcaparras**,
    lavadas y picadas
2 cucharadas de **aceite de oliva**
2 **limones**, en rodajas finas
unos 500 g de **filetes de salmón**
1 **bulbo de hinojo**, en tiras finas
sal y pimienta
unas **ramitas de eneldo**,
    para decorar

Ponga las lentejas en una olla con la hoja de laurel y suficiente agua fría hasta cubrirlas (no añada sal). Lleve a ebullición y déjelas hervir suavemente durante 30 minutos o hasta que estén tiernas. Sazone al gusto, añada las judías y déjelas hervir durante 1 minuto. Escurra las lentejas y mézclelas con el perejil, la mostaza, las alcaparras y el aceite. Quite la hoja de laurel.

Mientras, ponga las rodajas de limón en una plancha forrada con papel de aluminio, con el salmón y las tiras de hinojo por encima. Sazone el salmón y el hinojo y cocínelos en el grill precalentado durante unos 10 minutos o hasta que el salmón esté hecho.

Sirva las tiras de hinojo y las lentejas con el salmón encima, adornado con las ramitas de eneldo.

Para preparar filetes de cerdo con lentejas, prepare las lentejas de Puy como se indica en la receta y sustituya el salmón por 4 filetes de cerdo. Cocine el cerdo como se indica en la receta, pero prescindiendo del hinojo. Mientras, corte 2 ramitas de apio y mézclelos con un poco de aceite de nuez. Sirva las lentejas con los filetes encima y aderécelos con el apio y el aceite de nuez.

rape con alubias y pesto

4 raciones
tiempo de preparación
10 minutos
tiempo de cocción
10-15 minutos

500 g de **rape**, en 12 trozos
12 **filetes de jamón de Parma**
12 **tomates cherry**
2 **pimientos amarillos**,
  sin corazón, sin semillas
  y cortados en 6 trozos
2 cucharadas de **aceite de oliva**
300 g de **alubias cannellini en
  conserva**, lavadas y escurridas
4 cucharadas de **pesto
  preparado**

Moje 4 broquetas de madera en agua tibia. Envuelva cada trozo de rape con un filete de jamón de Parma. Pínchelos en las broquetas alternados con los tomates y los trozos de pimiento amarillo. Pinte los *kebabs* con el aceite y áselos en el grill durante 3-4 minutos. Dele la vuelta a las broquetas y cocínelas 3 minutos más, hasta que estén hechas.

Ponga las alubias en una sartén antiadherente y cocínelas, removiendo, a fuego lento durante 4-5 minutos o hasta que estén calientes. Mézclelas con el pesto.

Sirva las alubias en 4 platos, ponga los *kebabs* encima y sirva inmediatamente.

Para preparar vieiras con judías verdes y pesto, sustituya el rape por 16 vieiras, envuelva cada una en un trozo de jamón de Parma y prepare las broquetas como se indica en la receta, pero prescindiendo de los pimientos. Cocínelas como se indica en la receta. Sustituya las alubias cannellini por 250 g de judías verdes y cocínelas. Sirva inmediatamente con pan francés crujiente.

cordero relleno de arroz salvaje y pimientos

4 raciones
tiempo de preparación
40 minutos
tiempo de cocción
1 hora y 20 minutos

2 **pimientos rojos**, sin corazón,
   sin semillas y partidos
   por la mitad
50 g de **arroz salvaje**, cocido
5 **dientes de ajo**, picados
5 **tomates secos**, picados
2 cucharadas de **hojas**
   de perejil picadas
625 g de **pierna de cordero**
   deshuesada, abierta
   por la mitad
sal y **pimienta**
4 mitades de **alcachofas**

Ponga las mitades de pimiento en una fuente de asar y cocínelos en un horno precalentado, a 180 °C, 4 si es de gas, durante 20 minutos, hasta que la piel se haya oscurecido y crepite. Cúbralos con papel de cocina humedecido y resérvelos. Cuando los pimientos estén lo suficientemente fríos para manipularlos, pele la piel y pique la carne. Deje el horno encendido.

Mezcle uno de los pimientos picados, el arroz, el ajo, los tomates y el perejil. Sazone al gusto.

Ponga el cordero en una tabla y haga una incisión horizontal, a lo largo de casi toda la pieza, para poder rellenarlo. Doble hacia atrás la mitad superior, meta el relleno y vuelva a doblarla. Fíjelo con palillos.

Cocine el cordero durante 1 hora, remojándolo frecuentemente con su jugo, y añada las alcachofas y otro pimiento en los últimos 15 minutos de cocción. Corte el cordero y sírvalo inmediatamente con patatas nuevas asadas, si lo desea.

Para preparar cordero relleno con cilantro y menta, mezcle la ralladura y el zumo de 1 lima, 2 cebolletas finamente picadas, 2 cucharadas de cilantro fresco picado y otras 2 de menta, 2 cucharadas de aceite de oliva y 2 dientes de ajo finamente picados, y sazone. Extienda la mezcla sobre el cordero, enróllelo y fíjelo con palillos; cocínelo como se indica en la receta.

rollitos de sésamo y jengibre

4 raciones
tiempo de preparación
15 minutos
tiempo de cocción
5-10 minutos

para la **salsa de sésamo
y jengibre**
1 **diente de ajo** picado
5 cm de **raíz de jengibre
fresca**, pelada
y groseramente picada
2 cucharadas de **azúcar
moscabado**
4 cucharaditas de **salsa de soja**
4 cucharaditas de **vinagre
de vino** o **de arroz**
2 cucharadas de **puré
de tomate**
2 cucharadas de **semillas
de sésamo**, y un poco
más para decorar

para las **tortitas**
8 **tortitas de arroz**
2 **zanahorias**
100 g de **habas de soja**
o una mezcla de **habas
germinadas**
un manojo pequeño de **menta**,
groseramente picado
1 rama de **apio**, finamente picada
4 **cebolletas**, cortadas al bies
1 cucharada de **salsa de soja**

Ponga todos los ingredientes para hacer la salsa, excepto las semillas de sésamo, en el un robot de cocina o una batidora y tritúrelos hasta conseguir una pasta homogénea. O bien, aplaste el ajo y ralle el jengibre y bátalos con el resto de los ingredientes. Añada las semillas de sésamo y sirva en un cuenco.

Ablande las tortitas de arroz siguiendo las instrucciones del paquete. Corte las zanahorias en bastoncitos finos y mézclelas con los brotes de soja o las habas germinadas, la menta, el apio, las cebolletas y la salsa de soja.

Coloque 1 cucharada de la mezcla de verduras en el centro de cada tortita. Lleve el margen inferior de cada tortita al centro y a continuación enróllelo de un lado al otro para formar una bolsita.

Cueza las tortitas al vapor durante 5 minutos, hasta que estén calientes. Como alternativa, también puede ponerlas en una rejilla sobre una placa de horno llena de agua hirviendo y taparlas con papel de aluminio. Sirva inmediatamente con la salsa y adorne con unas cuantas semillas de sésamo.

Para preparar tortitas vegetarianas con salsa de ciruela y _wasabi_, cocine 250 g de ciruelas rojas maduras deshuesadas y picadas en una olla tapada con 2 cucharadas de agua hasta que se ablanden. Triture junto con 1 cucharada de salsa de soja y después añada salsa de _wasabi_ y azúcar. Prepare las tortitas como se indica en la receta y sírvalas rociadas con la salsa de ciruela y _wasabi_.

pollo marinado con lima y chile

4 raciones
tiempo de preparación
  15-20 minutos, más tiempo
  de adobado
tiempo de cocción **10 minutos**

4 **pechugas de pollo** sin hueso
  y sin piel, de unos 125 g
  cada una
4 **limas**
2 **dientes de ajo**, picados
2 cucharadas de **chile rojo**
  fresco o seco picado
50 ml de **aceite de girasol**
200 g de **fideos de arroz**
2 cucharadas de **cilantro**
  fresco picado para aderezar
sal y **pimienta**

Moje unas 12 broquetas de madera en agua tibia.
Corte el pollo en tiras.

Ralle la piel y exprima 2 limas y mézclelas con el ajo, el chile
y el aceite. Mezcle el pollo con la lima y el chile, salpimiente y
reserve durante una hora.

Pinche los trozos de pollo en las broquetas, sin cargarlas
demasiado. Parta las limas restantes por la mitad. Cocine
el pollo y las mitades de lima en el grill o en una plancha
precalentada durante unos 10 minutos.

Mientras tanto, cueza los fideos siguiendo las instrucciones
del paquete.

Sirva el pollo con los fideos, adorne con el cilantro
y las mitades de lima caramelizadas.

Para preparar pollo tikka, pique finamente 1 cebolla,
1 chile grande y sin semillas, un trozo de 2 cm de raíz
fresca de jengibre y 2 dientes de ajo. Mézclelos con 150 g
de yogur natural desnatado, 3 cucharaditas de pasta de
curry suave y 4 cucharadas de cilantro fresco picado. Ponga
el pollo en adobo; a continuación cocínelo y sírvalo como
se indica en la receta.

cordero con verduras

4 raciones
tiempo de preparación
20 minutos
tiempo de cocción
35-45 minutos

500 g de **patatas nuevas
baby** de tamaño uniforme
1 cucharada de **romero picado**
400 g de **cordero** en dados
3 **dientes de ajo**, partidos
por la mitad
390 g de **alcachofas
en conserva**, escurridas,
aclaradas y partidas
por la mitad
1 **pimiento rojo**, sin semillas
y partido en cuartos
200 g de **puerros pequeños**
sal y **pimienta**

Ponga las patatas en una olla con agua abundante ligeramente salada y llévela a ebullición. Escúrralas inmediatamente y mézclalas con el romero.

Coloque las patatas en una bandeja de horno junto con el cordero, el ajo, las alcachofas y los pimientos. Cubra y cocine en un horno precalentado, 180 °C, 4 si es de gas, durante 30-40 minutos o hasta que todo esté bien hecho y la piel de las patatas esté dorada. Mientras tanto, cueza los puerros al vapor.

Elimine el exceso de grasa y sirva el cordero con las verduras asadas, los puerros y el jugo de cocción.

Para preparar cordero asado con hierbas, antes de cocer espolvoree por encima del cordero 6-8 cucharadas de zumo de limón, ¼ de cucharadita de orégano y otra de tomillo seco, las hojas de 2 ramitas de orégano, 4 ramitas de tomillo y sal y pimienta.

solomillo de cerdo adobado con soja y ajo

4 raciones
tiempo de preparación
5 minutos
tiempo de cocción
20 minutos

2 **solomillos de cerdo,**
de 250 g cada uno
1 cucharada de **linaza**
150 ml de **vino blanco seco**

para el **adobo de soja y ajo**
1 **palito de canela**
2 cucharadas de **salsa de soja**
2 **dientes de ajo,** aplastados
1 cucharadita de **jengibre fresco** rallado
1 cucharadita de **miel clara**
1 cucharadita de **semillas de cilantro** aplastadas
1 cucharadita de **aceite de sésamo**

Mezcle todos los ingredientes del adobo. Ponga el cerdo en un plato hondo, no metálico, cúbralo uniformemente con el adobo y déjelo durante al menos 2-3 horas, o mejor durante toda la noche.

Escurra el cerdo y reserve el adobo. Frote la linaza sobre el cerdo de manera que ambos lados del solomillo queden uniformemente cubiertos.

Caliente una sartén apta para el horno a fuego fuerte. Selle la carne y acabe de hacerla en el horno precalentado, a 180 °C, 4 si es de gas. Cocine durante 18-20 minutos o hasta que esté tostada.

Mientras, retire la canela del adobo y vierta el líquido en una sartén antiadherente. Añada el vino y lleve a ebullición. Reduzca la temperatura y deje hervir a fuego lento hasta que adquiera la consistencia de un glaseado pegajoso. Aparte del fuego y reserve.

Saque el cerdo del horno y córtelo en rodajas de 5 mm. Sirva sobre una cama de verduras hervidas, como *pak choi* o espinacas, y cubra el cerdo con el glaseado.

Para preparar cerdo adobado en naranja, mezcle la ralladura de la piel de 1 naranja con 3 dientes de ajo aplastados, las semillas aplastadas de 8 vainas de cardamomo y un poco de sal y pimienta. Adobe y cocine el cerdo como se indica en la receta.

gambas con limón y tomate

4 raciones
tiempo de preparación
10 minutos
tiempo de cocción
30-40 minutos

aceite de oliva en espray
1 **cebolla** picada
2 **dientes de ajo,**
  finamente picados
1 **zanahoria**, finamente picada
1 **rama de apio**, finamente
  picada
25 ml de **vino blanco**
400 g de **tomates triturados
en conserva**
300 g de **langostinos
crudos**, pelados
ralladura de 1 **limón**
750 g de **patatas nuevas**,
  cortadas en trozos
  de tamaño similar
1 cucharada de **aceite de oliva**
50 g de **roqueta**, para aderezar
sal y **pimienta**

Rocíe ligeramente una cazuela con aceite, añada la cebolla, el ajo, la zanahoria y el apio y cocínelo todo lentamente durante 15 minutos o hasta que los ingredientes se ablanden. (Añada unas cuantas gotas de agua si la cazuela se queda muy seca.) Suba el fuego y rocíe con el vino. Añada los tomates y deje hervir a fuego lento durante 10 minutos, hasta que la salsa esté sin grumos y gruesa.

Añada las gambas y cocine a fuego lento durante 3-4 minutos o hasta que las gambas estén cocinadas. Eche la mitad de la ralladura de limón.

Mientras, cueza las patatas al vapor y después mézclelas con el resto de la ralladura de limón, la pimienta y el aceite. Sírvalas con las gambas y acompañadas de roqueta.

Para preparar abadejo ahumado y huevos con limón y tomate, cueza a fuego lento 400 g de abadejo ahumado en lugar de las gambas. Cocine la salsa de tomate como se indica en la receta y mezcle en ella 4 huevos duros, en cuartos, con el abadejo. Sirva con la pasta hervida y adorne con un puñado de perejil.

pollo con pesto y polenta

4 raciones
tiempo de preparación
15 minutos
tiempo de cocción
10 minutos

4 **pechugas de pollo,**
de unos 125 g cada una
25 g de **hojas de albahaca**
2 cucharadas de **aceite de oliva**
2 cucharadas de **piñones,**
tostados
1 **diente de ajo,** pelado
2 cucharadas de **queso**
parmesano rallado
25 g de **hojas de roqueta**
200 g de **polenta instantánea**

Corte las pechugas de pollo horizontalmente y sazone los 8 trozos.

Triture la albahaca, el aceite, los piñones, el ajo, el parmesano y la roqueta con un robot de cocina hasta que estén muy picados. Resérvelos.

Cocine el pollo en el grill precalentado durante 5-7 minutos, hasta que estén hechos, pero sigan jugosos.

Mientras, mezcle la polenta en 800 ml de agua hirviendo ligeramente salada y siga cocinándola a fuego lento durante unos 2 minutos, hasta que esté hecha. Añada el pesto de roqueta a la polenta.

Sirva los filetes de pollo sobre la polenta.

Para preparar pollo con puré de verduras variadas, sustituya la polenta por 500 g de patatas y 250 g de nabo y otros 250 g de zanahorias. Hierva las verduras durante 12-15 minutos, hasta que estén blandas; a continuación tritúrelas hasta conseguir una consistencia cremosa. Vierta el pesto de roqueta sobre el puré formando una espiral.

tortitas de guisantes amarillos y pimientos

4 raciones
tiempo de preparación
10-15 minutos,
   más tiempo de enfriado
tiempo de cocción
40-50 minutos

3 **dientes de ajo**
250 g de **guisantes amarillos**
750 ml de **caldo de verduras**
aceite de oliva en espray
2 **pimientos rojos**, partidos
   por la mitad y sin semillas
1 **pimiento amarillo**, partido
   por la mitad y sin semillas
1 **cebolla roja**, en cuartos
1 cucharada de **menta picada**
2 cucharadas de **alcaparras**,
   escurridas y picadas
harina
sal y **pimienta**
tzatziki o **raita** ya hechos,
   para acompañar

Pele y parta por la mitad un diente de ajo y cocínelo junto con los guisantes en el caldo durante 40 minutos. Compruebe la sazón y deje que se enfríen ligeramente.

Mientras, rocíe ligeramente una bandeja de horno con aceite. Ponga el resto de dientes de ajo en la bandeja con los pimientos y la cebolla y cocínelos en un horno precalentado, a 200 °C, 6 si es de gas, durante 20 minutos. Quíteles la piel a los dientes de ajo asados y córtelos con las verduras asadas.

Mezcle los guisantes con las verduras asadas, la menta y las alcaparras. Enharínese las manos y forme tortitas con la preparación. Guárdelas en frío hasta que estén listas para cocinar.

Caliente una sartén y rocíe con aceite. Cocine las tortitas en tandas, si es necesario, dejando que se hagan 2 minutos por cada lado. Sírvalas calientes o frías, adornadas de hojas de menta, con *tzatziki* o raita para acompañar.

Para preparar *tzatziki* casero, pique finamente ½ pepino y mézclelo con 1 diente de ajo aplastado, 2 cucharadas de menta fresca picada y 300 ml de yogur.

pollo con pimentón y vino tinto

4 raciones
tiempo de preparación
15 minutos
tiempo de cocción
30-40 minutos

1 **cabeza de ajo**
625 g de **patatas nuevas**
1 cucharada de **romero picado**
2 cucharadas de **aceite de oliva**
4 **pechugas de pollo**
sin huesos y sin piel, de
unos 150 g cada una,
en dados
1 **cebolla**, picada
1 **pimiento rojo**, sin corazón,
sin semillas y picado
1 **hoja de laurel**
3 **ramitas de tomillo**
1 cucharada de **pimentón**
400 ml de **vino tinto**
250 ml de **caldo de pollo**
sal y **pimienta**

Ase la cabeza de ajo en un horno precalentado, a 200 °C,
6 si es de gas, durante 30 minutos. Al mismo tiempo, ase
las patatas durante 30 minutos con un poco de romero y sal.

Caliente el aceite en una olla y dore el pollo. Añada la cebolla,
el pimiento rojo, la hoja de laurel, el tomillo y pimentón, sazone
al gusto y cocine, removiendo frecuentemente, hasta que
las verduras estén blandas. Añada el vino y el caldo y cocine
durante 20 minutos, hasta que el líquido se reduzca.

Exprima la pulpa blanda del ajo asado y añádala al pollo
al gusto. Sazone con más pimentón si fuera necesario.

Elimine la hoja de laurel y el tomillo; sirva el pollo con las
patatas asadas y, si lo desea, con calabacines y zanahorias
baby o con repollo en juliana.

Para preparar panceta y champiñones con vino tinto,
sustituya el pollo por 200 g de dados de panceta o tocino
entreverado. Continúe como se indica en la receta, eliminando
el ajo asado. Deje hervir a fuego lento y añada 200 g de
champiñones partidos por la mitad 5 minutos antes del final
de la cocción. Sirva como se indica en la receta.

solomillo con pimiento rojo

4 raciones
tiempo de preparación
15 minutos
tiempo de cocción
unos **30 minutos**

1 **pimiento rojo**, partido
   por la mitad y sin semillas
2 **dientes de ajo**
8 **olivas negras**, deshuesadas
2 cucharaditas de **aceite**
   de oliva
2 cucharaditas de **alcaparras**
8 **escalonias** peladas
50 ml de **vinagre balsámico**
1 cuharadita de **azúcar**
   moscabado ligero
4 **solomillos de ternera**,
   de unos 100 g cada uno
sal y **pimienta**

Cocine el pimiento bajo el grill precalentado hasta que la piel se oscurezca. Aparte y cubra con papel de cocina hasta que esté lo suficientemente frío como para manejarlo; a continuación pélelo y píquelo.

Mezcle el ajo, las olivas, 1 cucharadita de aceite, las alcaparras y el pimiento rojo picado.

Ponga las escalonias y el aceite restante en una cazuela pequeña. Tápela y cocine, removiendo frecuentemente, a fuego bajo durante 15 minutos. Añada el vinagre y el azúcar y cocine sin tapar, removiendo frecuentemente, durante 5 minutos más.

Sazone los solomillos y cocínelos de 2 en 2, bajo un grill precalentado o en una plancha. Cocínelos por un lado; después páselos a una placa de horno. Ponga sobre cada solomillo un poco de la mezcla de pimientos rojos. Cocine en un horno precalentado, a 200 ºC, 6 si es de gas, durante 15 minutos o al gusto. Déjelo reposar en caliente durante 5 minutos antes de servir con las escalonias y, si le gusta, con arroz integral al vapor.

Para preparar un solomillo de ternera con champiñones, mezcle 350 g de champiñones picados con 2 dientes de ajo aplastados, 1 cebolla picada, 2 cucharaditas de aceite de oliva y sazone. Cocine como se indica en la receta durante 10 minutos o hasta que todo se reduzca y esté concentrado. Añada el zumo de ½ limón, 2 cucharadas de perejil fresco picado y una copa de brandy. Cocínelo durante 5 minutos más. Prepare los solomillos como se indica en la receta y ponga encima la mezcla de los champiñones.

solomillo de cerdo con hinojo y pimientos

4 raciones
tiempo de preparación
20 minutos
tiempo de cocción **1 hora**

2 **dientes de ajo**, laminados
2 cucharaditas de **azúcar moscabado ligero**
2 cucharadas de **vinagre balsámico**
500 g de **solomillo de cerdo**
1 **pimiento rojo**, sin corazón, sin semillas y en 8 trozos
2 **bulbos de hinojo**, finamente picados
50 ml de **caldo de pollo**
1 cucharada de **aceite de oliva**
200 g de **brécol**, cortado
8 **tomates secos** en cuartos
sal y **pimienta**

Mezcle el ajo, el azúcar y el vinagre y sazone al gusto. Ponga el cerdo en una fuente no metálica, y rocíe el adobo por encima. Resérvelo mientras prepara las verduras.

Coloque en una bandeja de horno el pimiento rojo, el hinojo, el caldo y el aceite. Añada sal y pimienta y cocínelo en el horno precalentado, a 200 °C, 6 si es de gas, durante 40 minutos.

Escurra el cerdo (deseche el adobo), añádalo a las verduras de la bandeja de horno y cocínelo durante 20 minutos o hasta que esté cocinado y dorado y el jugo salga limpio. Añada el brócoli y los tomates en los últimos 10 minutos de la cocción.

Corte el cerdo y sirva el hinojo, el brécol y el pimiento rojo sobre la carne; rocíelo con jugo de la cocción. Acompáñelo con arroz basmati o arroz salvaje si le gusta.

Para preparar un puré cremoso de boniato como acompañamiento, cueza 1 kg de boniatos durante 12 minutos o hasta que estén blandos. Triture con 100 g de queso bajo en grasa y añada un puñado de cebollino picado y una pizca de canela.

ensalada indonesia de gambas

4 raciones
tiempo de preparación
   20 minutos
tiempo de cocción **5 minutos**

125 g de **fideos de arroz**
65 g de **pepino**, en rodajas finas
2 cucharadas de **vinagre
   de arroz**
2 cucharadas de **azúcar lustre**
1 **huevo** batido
aceite de oliva
4 **escalonias** en rodajas
2 **dientes de ajo**, aplastados
1 cucharaditas de **jengibre
   fresco rallado**
1 cucharadita de **cilantro molido**
2 **pimientos** picados
3 **chiles rojos**, picados
1 cucharada de **salsa
   tailandesa de pescado**
250 g de **gambas** cocidas
   y peladas
1 cucharada de **salsa de soja**
sal

para **servir**
hojas de cilantro fresco
3 cucharadas de **cacahuetes
   asados picados**
2 **cebolletas**, en juliana
pan de gambas

Cocine los fideos siguiendo las instrucciones del paquete. Escúrralos, aclárelos bien y resérvelos.

Adobe el pepino en cantidades iguales de vinagre de arroz y azúcar durante 5 minutos, escúrralo y resérvelo.

Incorpore 3 cucharadas de agua al huevo. Rocíe un wok o una sartén grande con aceite y, cuando esté bastante caliente, prepare una tortilla delgada con la mezcla de huevo. Enróllela, deje que se enfríe y córtela en tiras finas.

Mezcle las escalonias, el ajo, el jengibre y el cilantro molido en un cuenco grande. Añada los pimientos, los chiles, la salsa de pescado, las gambas y los fideos y remuévalos, usando 2 cucharas, hasta que estén bien mezclados. Añada la salsa de soja y sal al gusto.

Sirva el plato en una fuente con las tiras de tortilla, el pepino en vinagre, las hojas de cilantro, los cacahuetes y las cebolletas, y con pan de gambas a un lado.

Para preparar cerdo agridulce con arroz, cocine 250 g de arroz siguiendo las instrucciones del paquete, en lugar de usar fideos. Mientras tanto, saltee 250 g de carne magra de cerdo deshuesada hasta que esté hecha; a continuación mézclela con el arroz caliente y las gambas aliñadas. Acompañe con la tortilla y el pepino en vinagre, como se indica en la receta.

ternera con tamarindo y citronela

4 raciones
tiempo de preparación
15 minutos
tiempo de cocción
12 minutos

1 cucharada de **aceite**
500 g de **ternera sin grasa**,
en tiras
2 **ramitas de citronela**,
picadas
6 **escalonias** picadas
2 **chiles verdes**, picados
3 cucharadas de **pasta
de tamarindo**
2 cucharadas de **jugo de lima**
2 cucharaditas de **salsa
de pescado tailandesa**
2 cucharaditas de **azúcar
moreno**
200 g de **papaya verde
troceada**

Caliente el aceite en un wok o en una sartén y saltee la carne
a fuego vivo durante 2-3 minutos.

Añada la citronela, las escalonias y los chiles y saltéelo
todo durante más de 5 minutos o hasta que la carne esté
bien dorada.

Añada la pasta de tamarindo, el zumo de lima, la salsa de
pescado, el azúcar y la papaya y saltéelo todo 4 minutos más.

Sirva el plato inmediatamente, si le gusta con arroz con coco
y una ensalada.

Para preparar tofu con tamarindo y citronela, proceda
como se indica en la receta, pero sustituya el buey por 250 g
de tofu, escurrido y fileteado. Saltee 125 g de tirabeques
y de setas shitake laminadas en lugar de la papaya y sustituya
la salsa de pescado por salsa de soja.

vegetarianos

sopa de tomate y garbanzos

4 raciones
tiempo de preparación
15 minutos
tiempo de cocción
10 minutos

1 cucharada de **aceite de oliva**
1 **cebolla**, groseramente picada
1 **diente de ajo**, aplastado
1 **zanahoria**, groseramente
  picada
1 **pimiento rojo**, sin corazón,
  sin semillas y groseramente
  picado
1 cucharadita de **semillas**
  de comino
500 ml de **caldo de verduras**
400 g de **tomates triturados**
  en conserva
410 g de **garbanzos**
  en conserva, escurridos
  y aclarados
20 g de **pipas de calabaza**,
  de girasol y de sésamo
  (de cada una)
2 cucharadas de **cilantro**
  fresco picado
sal y **pimienta**

Caliente el aceite en una cazuela grande a fuego medio, añada la cebolla, el ajo, la zanahoria, el pimiento rojo y las semillas de comino y saltee durante 1 minuto. Añada el caldo y los tomates y déjelo hervir todo durante 5 minutos, hasta que las verduras estén tiernas.

Mientras, saltee en seco las pipas en una sartén a fuego medio hasta que estén doradas. Déjelas reposar para que se enfríen.

Aparte la cazuela del fuego y use una batidora de mano para hacer un puré con las verduras. Como alternativa, también puede triturarlas a mano. Añada los garbanzos y caliente 2 minutos más.

Sazone al gusto, espolvoree las pipas tostadas y cilantro fresco por encima y sirva el plato acompañado de pan crujiente de cereales, si le gusta.

Para preparar un guiso de tomate y pimientos, use la mitad de caldo y cocine las verduras como se indica en la receta, pero no las triture. Prepare 250 g de cuscús echando encima agua hirviendo hasta una altura de 2,5 cm. Deje reposar unos minutos, antes de separar los granos con un tenedor y servirlas con el guiso.

sopa de zanahoria y garbanzos

4 raciones
tiempo de preparación
25 minutos
tiempo de cocción
unos **40 minutos**

1 cucharada de **aceite
de girasol**
1 **cebolla grande**, picada
500 g de **zanahorias** en dados
1 cucharadita de **comino molido**
1 cucharadita de **semillas
de hinojo**, groseramente
aplastadas
2 cm de **raíz fresca de jengibre**,
pelada y rallada fina
1 **diente de ajo**, picado fino
410 g de **garbanzos en
conserva**, escurridos
1,2 l de **caldo de verduras**
300 ml de **leche
semidesnatada**
sal y **pimienta**

para **acompañar**
1 cucharadita de **aceite
de girasol**
40 g de **almendras en láminas**
una pizca de **comino molido**
una pizca de **pimentón**

Caliente el aceite en una cazuela, añada la cebolla y fría suavemente, removiendo, durante 5 minutos, o hasta que esté algo dorada. Incorpore las zanahorias, las especias molidas, el jengibre y el ajo y cocine durante 1 minuto.

Añada los garbanzos, el caldo y salpimiente; lleve a ebullición, cubra la cazuela y deje hervir a fuego lento durante 30 minutos o hasta que las verduras estén tiernas.

Triture la sopa por tandas con un robot de cocina o una batidora hasta que no queden grumos; después vuélvala a echar en la olla e incorpore la leche. Vuelva a calentarla suavemente.

Mientras, prepare la guarnición. Caliente aceite en una sartén pequeña, eche las almendras, el comino, el pimentón y cocine de 2 a 3 minutos hasta que esté dorado.

Sirva la sopa en cuencos y espolvoréela con las almendras, el comino y el pimentón. Sírvala con pan caliente, si lo desea.

Para preparar una sopa de zanahoria y lentejas, sustituya los garbanzos por un bote de 410 g de lentejas verdes. También puede usar alubias cannellini o alguna otra legumbre en conserva. En lugar de la leche, añada 300 ml más de caldo. Por lo demás, proceda como se indica en la receta. Sirva la sopa y eche 1 cucharadita de yogur griego en espiral en cada cuenco.

gazpacho

4 raciones
tiempo de preparación
  15 minutos, más tiempo
  de enfriado
tiempo de cocción **25 minutos**

750 g de **tomates maduros**
1 **bulbo de hinojo grande**
¾ de cucharadita de **semillas**
  de cilantro
½ cucharadita de **granos**
  de pimienta variados
1 cucharada de **aceite**
  de oliva extra virgen
1 **diente de ajo grande**,
  aplastado
1 **cebolla pequeña**, picado
1 cucharada de **vinagre**
  de balsámico
1 cucharada de **zumo de limón**
1 cucharada de **orégano picado**
1 cucharadita de **puré de**
  tomate
1 cucharadita colmada
  de **sal de roca**
olivas verdes, picadas
  finas para decorar

Ponga los tomates en una olla grande o en un cuenco y vierta encima agua hirviendo hasta cubrir los tomates. Déjelos 1 minuto y escúrralos, pélelos con cuidado y pique groseramente la pulpa.

Corte las hojas verdes del hinojo y deséchelas. Pique fino el bulbo y póngalo en un olla con 300 ml de agua ligeramente salada. Cubra y deje hervir durante 10 minutos.

Mientras, aplaste las semillas de cilantro y los granos de pimienta con el mortero. Caliente suavemente el aceite en una olla grande y añada las especias aplastadas, el ajo y la cebolla. Cocine a fuego lento durante 5 minutos.

Añada el vinagre, el zumo de limón, los tomates y el orégano; reserve unas hojas de orégano para decorar. Remueva bien la mezcla e incorpore el hinojo junto con el líquido de la cocción, el puré de tomate y la sal. Lleve a un hervor suave y deje cocinar, con el cazo destapado, durante 10 minutos.

Vierta el líquido en un robot de cocina o en el vaso de una batidora y bata ligeramente. Deje enfriar el gazpacho y consérvelo en el frigorífico toda la noche. Sírvalo aderezado con las hojas de orégano reservadas y con las olivas verdes.

Para preparar un gazpacho de almendras fácil, mezcle en un robot de cocina 250 g de almendras molidas, 750 ml de agua helada, 75 g de trozos de pan, 2 dientes de ajo aplastados, 2 cucharadas de aceite de oliva y un chorrito de vinagre de vino blanco y sazone. Déjelo enfriar 1 hora y sazónelo al gusto antes de servir.

sopa de pimiento asado y tomate

4 raciones
tiempo de preparación
 10 minutos
tiempo de cocción **40 minutos**

4 **pimientos rojos**, sin corazón
 y sin pepitas
500 g de **tomates**, partidos
 por la mitad
1 cucharadita de **aceite de oliva**
1 **cebolla**, picada
1 **zanahoria**, picada
600 ml de **caldo de verdura**
2 cucharadas de **nata líquida
 baja en calorías**
un puñado de **hojas
 de albahaca**, partidas
pimienta

Ponga los pimientos, con la piel hacia arriba, y los tomates, con el lado de la piel hacia abajo, en una bandeja de horno bajo un grill precalentado y cocínelos de 8 a 10 minutos, hasta que los pimientos se ennegrezcan. Cubra los pimientos con papel de cocina húmedo, déjelos enfriar, pélelos y corte la piel a tiras. Deje que se enfríen los tomates y pélelos también.

Caliente el aceite en una cazuela grande, añada el comino y la zanahoria y saltéela 5 minutos. Añada el caldo y los tomates y pimientos asados y pelados, lleve a ebullición y deje hervir durante 20 minutos, hasta que la zanahoria esté tierna.

Pase la sopa a un robot de cocina o a una batidora y bata hasta que no queden grumos, por tandas si es necesario. Vuelva a echar la sopa en la olla y caliéntela suavemente. Incorpore la nata y la albahaca, sazone bien con pimienta y sirva.

Para preparar sopa de calabacines asados y guisantes, sustituya los pimientos rojos por 4 mitades de calabacín cortados a lo largo y asados como se indica en la receta. Añada 200 g de guisantes congelados junto con el caldo y lleve a ebullición. Corrija la sazón y adorne con albahaca y menta.

sopa de garbanzos y perejil

6 raciones
tiempo de preparación
15 minutos, más tiempo
de remojo
tiempo de cocción **30 minutos**

1 cebolla pequeña
3 **dientes de ajo**
30 g de **perejil**
2 cucharadas de **aceite de oliva**
410 g de **garbanzos**
en conserva, escurridos
y aclarados
1,2 l de **caldo de verduras**
ralladura y **zumo** de ½ **limón**
sal y **pimienta**

Triture la cebolla, el ajo y el perejil con un robot de cocina
o una batidora hasta que no queden grumos.

Caliente el aceite en una olla y cocine la cebolla a fuego
lento hasta que se haya reblandecido ligeramente. Añada
los garbanzos y cocine suavemente durante 1-2 minutos.

Añada el caldo, salpimiente y lleve a ebullición. Cubra la olla
y siga cociendo los garbanzos durante 20 minutos o hasta
que estén tiernos de verdad.

Espere a que la sopa se enfríe un poco y tritúrela un poco
en un robot de cocina o en una batidora, o bien aplástela
con un tenedor para que conserve toda la textura.

Vierta la sopa en una olla limpia, añada el zumo de limón
y corrija de sal si fuera necesario. Caliente a fuego medio.
Sirva la sopa con ralladura de limón y pimienta negra molida
por encima.

**Para preparar sopa de alubias flageolet, cannellini
y perejil**, sustituya los garbanzos por 200 g de alubias
flageolet en conserva, y otros tantos de alubias cannellini,
e incluya la ralladura y el zumo de 1 limón. Por lo demás,
cocine como se indica en la receta.

sopa de guisantes y lechuga con tostones

4 raciones
tiempo de preparación
 10 minutos
tiempo de cocción
 25-30 minutos

25 g de **mantequilla**
1 **cebolla grande**, picada fina
425 g de **guisantes congelados**
2 **cogollos**, groseramente
 picados
1 l de **caldo de verduras**
ralladura y **zumo** de ½ **limón**
sal y **pimienta**

para los **tostones con sésamo**
2 **rebanadas gruesas de pan**,
 en dados
1 cucharada de **aceite de oliva**
1 cucharada de **semillas
 de sésamo**

Prepare los tostones. Pinte los dados de pan con el aceite y póngalos en una bandeja para asar. Reparta las semillas de sésamo por encima y cocine en un horno precalentado, a 200 °C, 6 si es de gas, durante 10 minutos o hasta que estén doradas.

Mientras, caliente la mantequilla en una cazuela grande, añada la cebolla y cocínela 5 minutos o hasta que esté tierna. Añada los guisantes, las lechugas, el caldo, la ralladura y el zumo de limón, y sal y pimienta. Lleve a ebullición, baje el fuego, cubra la cazuela y deje hervir durante 10 minutos.

Deje que la sopa se enfríe ligeramente; a continuación pásela a un robot de cocina o a una batidora y tritúrela hasta que no queden grumos. Vuelva a echar la sopa en la olla, corrija de sal si es necesario y caliéntela.

Sirva la sopa en cuencos templados y reparta unos tostones por encima.

Para preparar una sopa de guisantes y berros con menta, sustituya la lechuga por 100 g de berros cortados en trozos. Cocine los berros como la lechuga, dejándolos hervir 10 minutos, pero prescinda de la ralladura y el zumo de limón. Cuando vuelva a echar la sopa en la olla, después de triturarla, añada 2 cucharadas de hojas de menta picadas.

curry picante de berenjena

4 raciones
tiempo de preparación
15 minutos
tiempo de cocción **20 minutos**

1 cucharadita de **cayena**
2 **chiles verdes frescos**
sin semillas y picados
½ cucharadita de **cúrcuma**
4 **dientes de ajo**, aplastados
2,5 cm de **raíz de jengibre fresco**, pelada y rallada
1 cucharadita de **semillas de comino**, tostadas
4 cucharaditas de **semillas de cilantro** tostadas
400 g de **leche de coco**
1 cucharadita de **pasta de tamarindo**
1 **berenjena grande**, cortada en rodajas finas a lo largo
sal y **pimienta**

Mezcle la cayena, los chiles, la cúrcuma, el ajo y el jengibre con 300 ml de agua tibia.

Aplaste las semillas de comino y cilantro, añádalas a la salsa y déjela hervir durante 10 minutos, hasta que espese. Sazone al gusto. Añada la leche de coco y la pasta de tamarindo.

Coloque las rodajas de berenjena en una bandeja forrada con papel de aluminio y cubra la parte superior con la salsa de curry. Cocínelas bajo el grill hasta que estén doradas.

Sirva las rodajas de berenjena con la salsa de curry y, si le gusta, con panecillos naan o pitas.

Para preparar un curry con anacardos, añada 200 g de anacardos asados a la salsa de curry. Para asarlos, póngalos en remojo 20 minutos, píquelos y saltéelos en una sartén sin grasa removiendo con regularidad hasta que estén ligeramente dorados. Sustituya la berenjena por 4 calabacines en rodajas y áselos como se indica en la receta. Rocíe con aceite de cacahuete y sazone bien.

risotto de arroz rojo y calabaza

4 raciones
tiempo de preparación
20 minutos
tiempo de cocción **35 minutos**

1 l de **caldo de verduras**
250 g de **arroz rojo
de la Camarga**
1 cucharada de **aceite de oliva**
1 **cebolla**, finamente picada
2 **dientes de ajo**, picados finos
750 g de **calabaza**, pelada,
sin semillas y en dados
5 cucharadas de **albahaca**
u **orégano** picados, y unas
hojas más para decorar
50 g de **queso parmesano**,
groseramente rallado, y unas
virutas más para decorar
sal y **pimienta**

Ponga el caldo en una olla grande, añada el arroz y déjelo hervir 35 minutos.

Mientras, caliente el aceite en una sartén, añada la cebolla y cocínela, removiendo de vez en cuando, durante 5 minutos o hasta que esté blanda. Añada el ajo, la calabaza y un poco de sal y pimienta, mezcle, tápelo todo y cocine a fuego medio durante 10 minutos; remueva de vez en cuando.

Escurra el arroz y reserve el líquido de cocción. Ponga las hierbas picadas en una sartén con el arroz escurrido y el parmesano rallado. Corrija de sal y añada parte del líquido del arroz reservado, si fuera necesario.

Sirva en platos hondos y adorne con algunas hierbas más y con virutas de parmesano.

Para preparar una ensalada de col crujiente para servir como acompañamiento, blanquee 250 g de judías verdes frescas. Corte en juliana fina una col lombarda y un puñado de perejil fresco picado. Mezcle las judías, la col y el perejil y acabe el plato con un chorrito de aceite de cacahuete.

calabaza asada con feta

4 raciones
tiempo de preparación
10 minutos
tiempo de cocción **40 minutos**

625 g de **calabaza**
o **calabaza pera**, cortada
en gajos de 5 cm.
2 cucharadas de **aceite de oliva**
1 cucharada de **zumo de limón**
2 cucharadas de **menta picada**,
y un poco más troceada
para decorar
200 g de **queso feta**
50 g de **nueces** picadas
8 **tomates secos**, picados
85 g de **hojas de espinaca baby**
sal y **pimienta**

Mezcle los trozos de calabaza con 1 cucharada de aceite, sazone y repártalas en una bandeja de horno. Áselas en el horno precalentado, a 200 °C, 6 si es de gas, durante 30 minutos.

Mezcle el aceite restante con el zumo de limón y la menta. Sirva la mezcla sobre el queso feta y reserve.

Añada las nueces y los tomates a la calabaza y hornee durante 10 minutos más.

Sirva la calabaza con las nueces y los tomates y el jugo de cocción. Desmigue el queso por encima y rocíe con el adobo. Sirva con las hojas de espinaca y adornada con menta troceada.

Para preparar calabaza asada con queso Stilton, nueces y olivas negras, sustituya los tomates por 16 olivas negras groseramente picadas, y el feta por la misma cantidad de Stillton. Sirva la ensalada con hojas de roqueta.

verduras gratinadas con corteza de hierbas

4 raciones
tiempo de preparación
  20 minutos
tiempo de cocción **45 minutos**

50 g de **margarina de girasol**,
  baja en grasa
400 g de **patatas amarillas**,
  peladas y en rodajas
200 g de **boniatos** pelados
  y en rodajas
200 g de **zanahorias** en rodajas
2 **dientes de ajo** picados
300 g de **nata ligera**
250 ml de **caldo de verduras**
1 cucharada de **queso**
  parmesano rallado
2 cucharadas de **salvia picada**
2 cucharada de **romero picado**
75 g de **miga de pan**
sal y **pimienta**

Engrase ligeramente una fuente cuadrada con margarina de girasol. Distribuya las verduras en rodajas en varias capas y eche un poco de ajo y sal entre cada capa.

Caliente la nata con el caldo y viértalos sobre las verduras.

Mezcle el parmesano, la salvia, el romero y las migas de pan, sazone y espolvoree con esta mezcla por encima de las verduras. Cocínelas en el horno precalentado a 200 °C, 6 si es de gas, durante 45 minutos, hasta que estén doradas y bien hechas. Sirva inmediatamente.

Para preparar remolacha gratinada con corteza de nueces, sustituya la zanahoria por 250 g de remolacha cortada y cocinada como se indica en la receta. Cuando prepare la corteza, añada 100 g de pacanas picadas. Sirva con una ensalada de remolacha picada.

croquetas de *dhal* con yogur especiado

4 raciones
tiempo de preparación
  30 minutos
tiempo de cocción **20 minutos**

2 x 410 g botes de **lentejas
  verdes**, escurridas y aclaradas
500 ml de **caldo de verduras**
1 **hoja de laurel**
5 cm de una **ramita de canela**
2 **vainas de cardamomo**
2 cucharadas de **cilantro fresco**
  picado
2 cucharadas de **menta fresca**
  picada
1 **cebolla roja**, picada fina
250 g de **yogur desnatado**
250 g de **guisantes congelados**
4 cucharadas de **pasta de curry
  dhansak**, o al gusto
aceite de girasol
sal y **pimienta**

Remoje en agua tibia unas cuantas broquetas de madera de 15 cm. Mezcle las lentejas con el caldo, la hoja de laurel, la ramita de canela y las vainas de cardamomo en una cazuela, sazone con sal y deje hervir durante 10 minutos, hasta que las lentejas estén blandas.

Mientras, para preparar el yogur especiado, mezcle el cilantro, la menta, la cebolla y el yogur, y salpimiente al gusto.

Cueza los guisantes en agua hirviendo. Escurra las lentejas y retire la hoja de laurel, la ramita de canela y las vainas de cardamomo. Pase los guisantes y las lentejas a un robot de cocina o a una batidora y triture brevemente. Incorpore la crema de guisantes a la pasta de curry y con 2 cucharas forme bolitas. Consérvelas en el frigorífico hasta que vaya a cocinarlas.

Ponga 3-4 bolas en cada broqueta. Caliente una sartén y rocíela con aceite. Fría las broquetas (en tandas si es necesario) a temperatura media durante 2 minutos sin tocar; después deles la vuelta y cocínelas por el otro lado. Sírvalas calientes con el yogur especiado.

Para preparar una raita de pepino, corte, sale y escurra 1 pepino para eliminar el exceso de agua; a continuación mézclelo con ½ cucharadita de comino molido y sal, 1 cucharadita de azúcar y otra de zumo de limón, y con el yogur desnatado.

tartaletas de queso stilton y puerros

4 raciones
tiempo de preparación
15 minutos
tiempo de cocción **25 minutos**

1 cucharadita de **aceite de oliva**
8 **puerros pequeños**,
  en rodajas finas
50 g de **queso Stilton**,
  desmigado
1 cucharadita de **tomillo picado**
2 **huevos** batidos
4 cucharadas de **nata
  baja en grasa**
cuadrados de 12 x 15 cm
  de **pasta filo**
leche, para pintar

Caliente el aceite en una cazuela, añada los puerros
y fríalos durante 3-4 minutos, hasta que estén blandos.

Incorpore la mitad del queso Stilton y el tomillo a los puerros;
después mezcle en un cuenco el resto de queso Stilton,
con los huevos y la nata líquida.

Pinte los cuadrados de pasta filo con un poco de leche
y forre con ellos 4 moldes de flan de 10 cm de diámetro.
Eche la preparación de los puerros en los moldes y añada
encima la mezcla de queso y huevos.

Coloque los moldes en una placa de horno y cuézalos
en el horno precalentado, a 200 °C, 6 si es de gas, durante
15-20 minutos, hasta que hayan cuajado.

**Para preparar tartaletas de cebolletas y queso
Cheddar**, use la misma cantidad de queso Cheddar
en lugar del Stilton y rállelo groseramente. Corte 2 manojos
de cebolletas grandes en rodajas y fríalos durante 1 minuto;
retírelos del fuego. Añada las cebolletas y continúe como
se indica en la receta.

cuscús con nueces, limón y hierbas

4 raciones
tiempo de preparación
15 minutos
tiempo de cocción **10 minutos**

2 cucharadas de **aceite de oliva**
1 **cebolla suave**, picada
2 **dientes de ajo** aplastados
300 ml de **caldo de verduras**
500 g de **cuscús**
1 **granada**
50 g de **piñones tostados**
3 cucharadas de **perejil picado**
2 cucharadas de **eneldo picado**
3 cucharadas de **cilantro
fresco picado**
ralladura y **zumo** de 1 **limón**
sal y **pimienta**

Caliente el aceite en una sartén grande y saltee la cebolla y el ajo durante 5 minutos o hasta que estén blandos. Añada el caldo y caliéntelo; después añada el cuscús. Remueva, tápelo y cúbralo para que se que haga al vapor a temperatura media durante 5 minutos.

Mientras, saque los granos de la granada sobre un cuenco para recoger el zumo.

Cuando el cuscús esté hecho, mezcle las nueces y las hierbas y un poco de sal y pimienta.

Mezcle los granos y el zumo de la granada con la ralladura y el zumo de limón. Incorpore el cuscús justo antes de servir.

Para preparar queso haloumi adobado a la parrilla, como acompañamiento, corte 250 g de haloumi en 8 trozos y adóbelos en el zumo de 1 limón, un chorro de aceite de oliva y 1 chile verde fresco, picado fino. Espere 20 minutos antes de asar, hasta que esté marrón y crujiente. Sirva 2 rodajas por persona sobre el cuscús.

guiso de alubias blancas y patatas

4 raciones
tiempo de preparación
15 minutos
tiempo de cocción **1 hora**

aceite de oliva en espray
1 **cebolla suave**, picada
2 **dientes de ajo**, aplastados
200 g de **patatas**, pelados
  y en dados
65 g de **nabo**, pelado
  y picado fino
2 × 410 g de **alubias blancas
  en conserva**, lavadas
  y escurridas
100 ml de **vino tinto**
400 g de **tomates triturados
  en conserva**
250 ml de **caldo de verduras**
una pizca de **pimentón**
1 **hoja de laurel**
2 cucharadas de **perejil picado**
sal y **pimienta**

Rocíe una cazuela refractaria con aceite; añada la cebolla y cocínela a fuego lento durante 10 minutos. Añada el ajo, las patatas, el nabo y las alubias y remueva bien.

Añada todos los ingredientes restantes, sazone al gusto y lleve a ebullición.

Meta la cazuela en un horno precalentado, a 180 °C, 4 si es de gas, y cocine durante 45 minutos. Rectifique de sal, retire la hoja de laurel y espolvoree perejil picado por encima. Sirva con ensalada verde, si le gusta.

Para preparar un guiso de alubias y tomate, en lugar de las patatas y los nabos, añada 2 cebollas picadas, 3 botes de alubias de 410 g y 2 más de 400 g de tomates triturados. Añada unas ramitas de orégano fresco y deje hervir el guiso a fuego lento durante 15 minutos en la cocina, mejor que en el horno. Sirva templado con pan crujiente.

rollitos vietnamitas con salsa de cacahuetes

4 raciones
tiempo de preparación
20 minutos, más tiempo
de remojo
tiempo de cocción **5 minutos**

50 g de **fideos de arroz
vermicelli**
12 obleas de **papel de arroz**
½ **pepino**, sin semillas,
cortado en tiras
1 **zanahoria**, cortada en tiras
2 **cebolletas**, cortadas en tiras
15 **hojas de menta**, enteras
50 g **brotes de soja**
2 **coles chinas**, cortadas en tiras
50 g de **nueces**, picadas
y asadas

para la **salsa de cacahuetes**
2 cucharadas de **salsa de hoisin**
2 cucharadas de **salsa de chile**
2 cucharadas de **cacahuetes**,
picados y tostados
1 **chile rojo**, picado fino

Cueza los fideos siguiendo las instrucciones del paquete. Escúrralos y resérvelos.

Ponga las obleas de papel de arroz en remojo en agua fría durante 3 minutos o hasta que se hayan reblandecido. No las deje demasiado tiempo o se romperán.

Mezcle el pepino, la zanahoria, las cebolletas, la menta, los brotes de soja, la col china y las nueces.

Prepare la salsa mezclando las salsa hoisin y chile con los cacahuetes y el chile.

Ponga 1 cucharada generosa de verduras en el centro de cada oblea de papel de arroz, doble los extremos y enróllelos bien apretados. Sirva los rollitos inmediatamente con la salsa de mojar.

Para preparar salsa de chile y miel, sustituya la salsa hoisin por 2 cucharadas de salsa de soja y la salsa de chile por 2 cucharadas de miel. Prescinda de los cacahuetes y combínelos con chile rojo picado fino.

frittata de boniato y queso

4 raciones
tiempo de preparación
   10 minutos
tiempo de cocción **20 minutos**

500 g de **boniato** en rodajas
1 cucharadita de **aceite de oliva**
5 **cebolletas** cortadas
2 cucharadas de **cilantro
   fresco picado**
4 **huevos grandes**, batidos
100 g de **rulo de queso
   de cabra con corteza**,
   cortado en 4 rodajas
pimienta

Ponga los boniatos en una olla de agua hirviendo y déjelos durante 7-8 minutos o hasta que estén tiernos; escúrralos.

Caliente el aceite en una sartén mediana antiadherente, añada las cebolletas y el boniato en rodajas y fríalos durante 2 minutos.

Mezcle el cilantro con los huevos batidos, aderece con abundante pimienta y viértalo en la fuente. Coloque las rodajas de queso de cabra encima y déjelo unos 3-4 minutos hasta que esté casi listo.

Ponga la fuente bajo el grill y deje que se cocine durante 2-3 minutos, hasta que se dore y burbujee. Sirva el plato inmediatamente y acompañe con ensalada verde si lo prefiere.

Para preparar una *frittata* de calabaza y feta, sustituya los boniatos por 500 g de calabaza en dados. Espolvoree queso feta sobre la *frittata* en lugar del queso de cabra.

asado de verduras y patatas

4 raciones
tiempo de preparación
15 minutos
tiempo de cocción **45 minutos**

1 cucharada de **aceite de oliva**
200 g de **patatas rojas**,
en trozos
1 **pimiento amarillo**, sin semillas
y en trozos grandes
4 **dientes de ajo**, por la mitad
2 cucharadas de **tomillo picado**
2 **hojas de laurel**
125 g de **queso feta**
2 cucharadas de **menta picada**
2 cucharadas de **eneldo picado**
50 g de **queso en crema**
extra ligero
1 **tomate** cortado en dados
grandes
200 g de **calabacín pequeño**
cortado por la mitad, a lo largo

Mezcle el aceite con las patatas, el pimiento, el ajo, el tomillo
y el laurel en una fuente refractaria y áselo todo en el horno
precalentado a 200 °C, 6 si es de gas, durante 30 minutos.

Aplaste el feta, la menta, el eneldo y el queso en crema
y sazone al gusto.

Añada el tomate y los calabacines a las verduras. Extienda
el feta y la mezcla de crema de queso sobre las verduras
y hornéelas durante otros 15 minutos, hasta que se doren.
Adorne con ramitas de tomillo y sirva inmediatamente,
con ensalada verde.

Para preparar un *crumble* de verduras, mezcle 75 g
de pan de centeno rallado, 2 cucharadas de hinojo picado
y 50 g de queso Wensleydale rallado muy fino. Extiéndalo
por encima de las verduras y hornee como se indica
en la receta.

ratatouille al horno

4 raciones

tiempo de preparación
25 minutos
tiempo de cocción
1 hora y 15 minutos

1 cucharada de **aceite de oliva**
1 **cebolla** picada
2 **dientes de ajo**, picado fino
1 **bulbo de hinojo**, unos 250 g,
   cortado en dados
3 **pimientos de diferentes**
   colores, sin semillas, en dados
2 **calabacines**, unos 300 g
   en total, en dados
400 g de **tomates triturados**
   en conserva
150 ml de **caldo vegetal**
1 cucharadita de **azúcar**,
   sal y **pimienta**

para el **montadito de queso**
   de cabra
1 **baguette**, unos 150 g,
   en rodajas finas
125 g de **queso de cabra**
   con cebollino

Caliente el aceite a fuego fuerte en una sartén antiadherente grande, añada la cebolla y fríala, removiendo, durante 5 minutos o hasta que adquiera un tono ligeramente marrón. Añada el ajo y el resto de verduras frescas y fríalas durante otros 2 minutos.

Mezcle los tomates, el caldo, el azúcar y sazone. Lleve a ebullición, removiendo, y cambie la mezcla a un recipiente refractario. Cubra la parte superior del recipiente con papel de aluminio y ase la verdura en el horno, precalentado a 190 °C, 5 si es de gas, durante 45-60 minutos hasta que esté tierna.

Cuando la verdura esté casi lista, tueste una cara de las rebanadas de pan. Corte el queso y coloque una loncha por el lado no tostado del pan. Retire el papel de aluminio de la *ratatouille*, remueva la verdura y distribuya encima las tostadas con el lado del queso hacia arriba.

Coloque la *ratatouille* bajo el grill precalentado durante unos 4-5 minutos, hasta que el queso se empiece a fundir. Repártalo en cuencos poco profundos y sirva con ensalada de roqueta.

Parar preparar Cobbler a las hierbas, elabore una masa para panecillos mezclando 250 g de harina con ½ cucharadita de levadura, 50 g de mantequilla y 2 cebollinos troceados muy finos. Añada una pizca de hierbas secas y hornee en un recipiente redondo cubierto con queso Cheddar curado rallado, durante 20 minutos, mientras se hace la *ratatouille*. Corte en cuñas y sirva con la *ratatouille*.

risotto de espárragos y *dolcelatte*

4 raciones
tiempo de preparación
10 minutos
tiempo de cocción
unos **25 minutos**

1 cucharadita de **aceite de oliva**
1 **cebolla pequeña**, picada fina
300 g de **espárragos**, cortados
   por la mitad, la parte del tallo
   muy picada
350 g de **arroz**
2 cucharadas de **vino blanco
   seco**
1,2 l de **caldo vegetal**
75 g de **queso** *dolcelatte*,
   cortado
2 cucharadas de **perejil picado**

Caliente el aceite en una sartén antiadherente grande,
añada la cebolla y los espárragos troceados, reserve las
yemas, y fríalo todo durante 2-3 minutos, hasta que empiece
a reblandecerse.

Añada el arroz y cubra con el aceite. A continuación,
incorpore el vino y deje que se absorba.

Lleve el caldo a ebullición y añádalo a la mezcla de arroz,
cazo a cazo, dejando que el líquido se absorba antes de
añadir más. Con el último cazo de caldo (que debería ser
unos 20 minutos después de haber empezado), añada
las yemas de los espárragos.

Una vez se haya absorbido el caldo, remueva el resto
de ingredientes lentamente y, si lo desea, sirva el *risotto*
con una ensalada de roqueta y tomate.

Para preparar un *risotto* de roqueta, saltee la cebolla.
Hierva 300 g de arroz en 1,2 l de caldo vegetal como
se indica en la receta. Mezcle con 50 g de hojas de roqueta
partidas cuando el arroz esté listo. Utilice hojas enteras
como decoración.

ensaladas

ensalada tailandesa de fideos

4 raciones
tiempo de preparación
15 minutos, más tiempo
de enfriado
tiempo de cocción **5 minutos**

200 g de **fideos de arroz planos**
1 cucharada de **aceite
de sésamo**
125 g **lomo de cerdo**, en dados
1 cucharada de **salsa de soja
ligera**
1 cucharada de **semillas
de sésamo**, tostadas
2 **escalonias**, peladas y cortadas
12 **mazorcas baby**, partidas
75 g de **brotes de alubias**
75 g de **cacahuetes**, en trozos
y tostados
4 cucharadas de **cilantro
fresco picado**

para el **aliño de lima y coco**
2 **dientes de ajo**, machacados
2 cucharadas de **zumo de lima**
½ **tallo de citronela** muy picado
½ **chile rojo**, picado
125 ml de **leche de coco
de bajo contenido en grasas**
1 cucharada de **salsa
de pescado tailandesa**
sal

Cueza los fideos según las instrucciones del paquete.
Escúrralos.

Mientras, caliente el aceite de sésamo en una sartén
y fría los dados de cerdo durante 1-2 minutos. Añada la de
soja y cocínelo todo durante 1-2 minutos o hasta que el cerdo
esté bien impregnado. Retírelo y deje que se enfríe.

Mezcle las semillas de sésamo, la escalonia, el maíz
y los brotes de alubias con el cerdo frío.

Prepare el aliño mezclando todos los ingredientes
en un cuenco.

Mezcle el aliño con los fideos y el cerdo, añada los cacahuetes
y el cilantro. Sirva inmediatamente.

Para preparar una ensalada de arroz y gambas, cueza
250 g de arroz según las instrucciones del paquete. Sustituya
el cerdo por 350 g de gambas peladas y cocidas. Mézclelas
con la salsa de soja.

ensalada de lentejas de Puy y queso de cabra

4 raciones
tiempo de preparación
10 minutos
tiempo de cocción
unos **30 minutos**

2 cucharaditas de **aceite de oliva**
2 cucharaditas de **semillas de comino**
2 **dientes de ajo** aplastados
2 cucharaditas de **raíz de jengibre fresco rallado**
125 g de **lentejas de Puy**
750 ml de **caldo vegetal**
2 cucharadas de **menta picada**
2 cucharadas de **cilantro fresco picado**
½ **lima**
50 g de hojas de **espinacas baby**
125 g de **queso de cabra**
pimienta

Caliente el aceite en una olla a fuego medio, añada las semillas de comino, el ajo y el jengibre y sofría durante 1 minuto. Añada las lentejas y cocínelas durante otro minuto.

Añada el caldo a la olla, remueva y deje hervir a fuego lento durante 25 minutos, hasta que se haya absorbido todo el líquido y las lentejas estén blandas. Rectifique de sal. Aparte la olla del fuego y deje que se enfríe. Añada la menta y el cilantro y un chorrito de lima.

Coloque las hojas de espinacas en cuencos individuales; sirva 1/4 de las lentejas y el queso de cabra y condimente con pimienta negra.

Para preparar una ensalada de lentejas y huevo, sustituya el queso por 4 huevos cocidos, cortados en cuartos. Prepare la ensalada como se indica en la receta y espolvoree con 50 g de olivas verdes cortadas y los huevos.

ensalada de trucha y trigo quebrado

4 raciones
tiempo de preparación
  10 minutos, más tiempo
  de reposo
tiempo de cocción **20 minutos**

400 g de **trigo quebrado**
1 cucharada de **aceite de oliva**
375 g de **lomo de trucha
  ahumada**, sin escamas
1 **pepino**, sin semillas y en dados
150 g de hojas de **espinacas
  baby** lavadas
1 **cebolla roja**, troceada
200 g de **lentejas verdes
  en conserva**, lavadas
  y escurridas
75 g de **guisantes**, muy picados

para el **aliño de limón y semillas
  de amapola**
cáscara de 2 **limones**
4 cucharadas de **zumo de limón**
2 cucharadas de **semillas
  de amapola**
2 cucharadas de **eneldo picado**
sal y **pimienta**

Cueza el trigo quebrado según las instrucciones del envase. Mézclelo con el aceite y reserve.

Mezcle la trucha con el trigo frío y añada el pepino, las espinacas, la cebolla roja, las lentejas y los guisantes.

Prepare el aliño mezclando la ralladura de limón y el zumo con las semillas de amapola y el eneldo. Sazone el aliño al gusto y rocíe con él la ensalada justo antes de servirla.

Para preparar una ensalada de caballa ahumada, utilice 375 g de caballa ahumada en vez de la trucha. Sirva con rábano picante en vez de limón y semillas de amapola combinado con 2 cucharadas de rábano batido con 4 cucharadas de yogur.

ensalada de pollo, piña y arroz

4 raciones
tiempo de preparación
40 minutos

4 pechugas de pollo
deshuesadas, sin piel,
de unos 125 g cada una,
cocidas
200 g de **arroz integral**,
hervido
½ **piña**, en trozos
1 **pimiento rojo**, cortado
3 **cebolletas** cortadas
50 g de **arándanos secos**
sal y **pimienta**

para el **aliño de mostaza**
3 cucharadas de **aceite
de girasol**
4 cucharadas de **mostaza
de Dijon**
1 cucharada de **vinagre de vino**

Corte el pollo y colóquelo en un recipiente grande junto
al arroz. Añada la piña, el pimiento rojo, las cebolletas
y los arándanos. Condimente al gusto con sal y pimienta.

Prepare el aliño mezclando todos los ingredientes
con 2 cucharadas de agua. Sazone al gusto.

Vierta el aliño sobre la mezcla de pollo y sirva inmediatamente.

**Para preparar una ensalada de nueces, alubias,
arándanos y arroz**, sustituya la piña y los arándanos
secos por 150 g de arándanos frescos y añada 75 g de
nueces partidas por la mitad y 410 g de alubias en conserva,
enjuagadas y escurridas. Mézclelo todo y condimente
como se indica en la receta.

ensalada de alubias, kabanos y pimiento

4 raciones
tiempo de preparación
10 minutos, más tiempo
de reposo
tiempo de cocción **20 minutos**

3 **pimientos rojos**,
sin el corazón y sin semillas
1 **chile rojo**, sin semillas
y troceado
1 cucharada de **aceite de oliva**
1 **cebolla**, picada
75 g de **salchicha kabanos**,
troceada fina
2 latas de 410 g de **alubias**
blancas, lavadas y escurridas
1 cucharada de **vinagre**
balsámico
2 cucharadas de **cilantro**
fresco, troceado

Ponga los pimientos en una bandeja para el horno, con el lado de la piel hacia arriba, y hornéelos con el grill precalentado durante 8-10 minutos, hasta que la piel esté ennegrecida. Cúbralos con papel de cocina húmedo. Cuando los pimientos estén fríos y se puedan manipular, pélelos y trocee la carne.

Caliente el aceite en una sartén antiadherente, añada la cebolla y fríala durante 5-6 minutos, hasta que esté tierna. Añada las salchichas kabanos y fríalas durante 1-2 minutos, hasta que estén crujientes.

Mezcle las judías y el vinagre balsámico; a continuación añada la cebolla y la mezcla de kabanos, pimientos y chile. Sirva la ensalada con pan de nueces, si lo desea.

Para preparar ensalada de alubias, pimientos y olivas con queso haloumi, prescinda de las salchichas kabanos y mezcle 50 g de olivas negras deshuesadas y partidas por la mitad con las alubias. Corte y gratine los 75 g de haloumi. Reparta la ensalada en cuencos y ponga el haloumi encima.

ensalada italiana de pollo asado

4 raciones
tiempo de preparación
 20 minutos, más tiempo
 de reposo
tiempo de cocción
 unos **15 minutos**

4 **pechugas de pollo**,
 de unos 125 g cada una
8 **tomates pera pequeños**,
 por la mitad
aceite de oliva en espray
400 g de **patatas nuevas**
75 g de **hojas de espinacas
 baby**
sal y **pimienta**

para el **aliño italiano**
10 **hojas de albahaca**, picadas
2 cucharadas de **orégano
 picado**
1 **diente de ajo** picado
1 cucharada de **aceite de oliva**
2 cucharadas de **zumo de limón**
1 cucharada de **mostaza
 de Dijon**
piel rallada de 1 **limón**

Utilice un cuchillo afilado para cortar cada pechuga de pollo
por la mitad, en horizontal. Coloque las 8 piezas de pollo sobre
una fuente cubierta con papel de aluminio junto con los tomates.
Sazone y rocíe con el aceite.

Ase el pollo bajo el grill precalentado durante unos 2 minutos
o hasta que esté a punto y aún suculento. Retírelos y déjelos
enfriar. Después, corte el pollo en trocitos.

Mientras, hierva las patatas. Retírelas, déjelas enfriar y córtelas
en rodajas.

Prepare el aliño mezclando todos los ingredientes.

Mezcle el pollo, las espinacas, los tomates y las patatas
en una fuente. Añada el aliño justo antes de servir.

Para preparar una ensalada vegetal italiana, prescinda
del pollo y cueza 200 g de judías verdes limpias durante
3 minutos. Tueste 2 cucharadas de piñones brevemente
en la parrilla. Prepare ensalada como se indica en la receta
mezclando las judías con los demás ingredientes. Añada
el aliño italiano y sírvalos con los piñones y las virutas
de queso parmesano por encima.

ensalada de cerdo rojo asado y quinoa

4 raciones

tiempo de preparación
10 minutos, más tiempo
de reposo

tiempo de cocción **15 minutos**

1 cucharada de **aceite
de girasol**
2 **anises estrellados**
1 cucharada de **azúcar moreno**
1 cucharada de **polvo
de cinco especias**
1 cucharada de **salsa de soja**
1 cucharada de **pimentón**
500 g de **lomo de cerdo**,
cortado muy fino
300 g de **quinoa**
200 g de **guisantes**, por la mitad
4 **cebollinos**, picados
1 **col china** partida
ramitas de eneldo (opcional)

para el **aliño de yogur**
125 ml de **yogur griego**
2 cucharadas de **agua**
2 cucharadas de **eneldo picado**
sal y **pimienta**

Mezcle el aceite, el anís estrellado, el azúcar, el polvo de cinco especias, la salsa de soja y el pimentón. Añada el cerdo, remueva para que se impregne bien y colóquelo en una bandeja para asar. Cúbralo y áselo en el horno precalentado a 180° C, 4 si es de gas, durante 15 minutos o hasta que esté hecho pero no seco. Sáquelo, destápelo y deje que se enfríe.

Mientras, prepare la quinoa según las instrucciones del envase. Retire y deje que se enfríe.

Mezcle la quinoa con los guisantes, el cebollino y la col china. Añada el cerdo y el jugo de la cocción, si lo desea.

Prepare el aliño mezclando todos los ingredientes. Condimente al gusto, rocíe la ensalada con el aliño y sírvala adornada con ramas de eneldo, si lo desea.

Para preparar cerdo especiado al estilo tandoori, mezcle 2 cucharadas de especias tandoori con 100 ml de yogur, mézclelo con el lomo de cerdo y ase como se indica en la receta. Para un aliño estilo raita para acompañar el cerdo, utilice ½ col troceada mezclada con 300 ml de yogur y 1 zanahoria. Añada 1 cucharada de semillas de comino tostadas al aliño y mezcle bien.

ensalada italiana de brócoli y huevo

4 raciones
tiempo de preparación
10 minutos
tiempo de cocción **8 minutos**

300 g de **brócoli**
2 **puerros pequeños**,
unos 300 g en total, limpios,
cortados y bien lavados
4 cucharadas de **zumo de limón**
2 cucharadas de **aceite de oliva**
2 cucharaditas de **miel**
1 cucharada de **alcaparras**,
bien escurridas
2 cucharadas **estragón**, picado
4 **huevos** cocidos
sal y **pimienta**

Separe el brócoli en ramilletes y corte en rodajas finas los tallos y los puerros. Ponga el brócoli en una vaporera, cocínelo durante 3 minutos, añada los puerros y déjelos otros 2 minutos.

Mezcle el zumo de limón, el aceite, la miel, las alcaparras y el estragón en una ensaladera y condimente al gusto.

Pele y corte los huevos.

Añada el brócoli y los puerros al aliño y mezcle y reparta los huevos picados por encima. Aderece con ramitas de estragón, si lo desea, y sirva la ensalada caliente con unas rebanadas gruesas de pan integral.

Para preparar una ensalada de brócoli, coliflor y huevo, utilice 150 g de brócoli y 150 g de coliflor en vez de los 300 g de brócoli. Corte la coliflor en pequeños ramilletes y hágalos al vapor con el brócoli. Sirva con aliño de queso azul preparado mezclando 75 g de queso azul, 6 tomates secos al sol troceados y 3 cucharadas de vinagre balsámico.

ensalada de broquetas de pavo y bulgur

4 raciones
tiempo de preparación
 10 minutos, más tiempo
 de marinado
tiempo de cocción **20 minutos**

2 cucharadas de **aceite
 de girasol**
2 cucharadas de **zumo de limón**
1 cucharadita de **pimentón**
3 cucharadas de **hojas
 de perejil picadas**, más
 otras enteras para decorar
400 g de **pechuga de pavo**,
 en dados
sal y **pimienta**

para la **ensalada de bulgur**
400 ml de **caldo de pollo**
250 g de **trigo bulgur**
410 g de **lentejas en conserva**,
 enjuagadas y escurridas
½ **pepino**
10 **tomates cherry**
20 g de **menta picada**
rodajas de limón, para decorar

para el **aliño de hummus**
4 cucharadas de **hummus**
1 cucharada de **zumo de limón**

Remoje previamente 8 broquetas de madera en agua tibia.
Mezcle el aceite, el zumo de limón, el pimentón y el perejil,
y condimente al gusto. Añada el pavo y remuévalo para
que se impregne bien. Resérvelo y déjelo reposar al menos
20 minutos.

Escurra el pavo (deseche el adobo) y ensarte los pedazos
en las broquetas. Ase bajo el grill precalentado, dándole
la vuelta 1 o 2 veces, durante 10 minutos o hasta que esté
hecho.

Mientras, lleve el caldo a ebullición y cueza el trigo bulgur
según las instrucciones del envase. Escúrralo y extiéndalo
para que se enfríe. Mezcle las lentejas, el pepino, los tomates
y la menta.

Prepare el aliño mezclando el hummus con el zumo de limón
y 1 cucharada de agua.

Sirva las broquetas de pavo con la ensalada de trigo bulgur,
adornada con las cuñas de limón y las hojas de perejil.
Sirva el aliño por separado.

Para preparar una ensalada de pasta de formas,
sustituya las lentejas y el trigo bulgur por 250 g de pasta.
Prescinda del hummus, y mezcle 200 mg de queso fresco
con 10 g de albahaca picada y otros 10 g de menta picada.

ensalada de naranja especiada y aguacate

4 raciones
tiempo de preparación
10 minutos

4 **naranjas de zumo grandes**
2 **aguacates pequeños**
y maduros, pelados
y sin hueso
2 cucharaditas de **vainas**
de cardamomo
3 cucharadas de **aceite**
de oliva ligero
1 cucharada de **miel**
un pellizco generoso de
pimienta en grano, molida
2 cucharaditas de **zumo**
de limón
sal y **pimienta**
ramitas de berro, para decorar

Pele y quite la parte blanca de las naranjas sobre un cuenco para recoger el zumo; corte entre las membranas para separar los gajos.

Corte los aguacates en rodajas y mézclelos suavemente con los gajos de naranja. Colóquelos en platos.

Reserve algunas vainas de cardamomo enteras para decorar. Aplaste las demás vainas para extraer las semillas y separe las vainas. Mezcle las semillas con el aceite, la miel, la pimienta, el zumo de limón, la sal y la pimienta y el zumo de naranja reservado.

Adorne la ensalada con el berro, rocíe con el aliño por encima y sirva.

Para preparar una ensalada de pomelo y aguacate, sustituya las naranjas por 2 racimos de uvas y añada 100 g de arándanos. Sustituya la pimienta en grano por 1 cucharadita de nuez moscada.

ensalada de ternera con cilantro

4 raciones
tiempo de preparación
20 minutos
tiempo de cocción **10 minutos**

400 g de **filetes de cadera
de ternera**
4 **tortillas de trigo**, cortadas
en 8 cuñas
75 g de **hojas de espinacas
baby** lavadas
sal y **pimienta**

para el **aliño de lima y cilantro**
15 g de **hojas de cilantro fresco**
2 cucharadas de **zumo de lima**
1 cucharada de **aceite
de girasol**
1 **diente de ajo**, machacado
1 **chile rojo**, cortado fino

Condimente la ternera. Caliente una sartén grande y dórela
a fuego fuerte hasta que esté hecha, pero aún con un tono
rosado. Tardará unos dos minutos por cada lado, dependiendo
del grosor. Retírela y déjela a temperatura ambiente.

Caliente las tortillas bajo un grill durante unos 5 minutos.
Remueva el pan con frecuencia, hasta que estén crujientes.
Retírelos y deje que se enfríen.

Mientras, prepare el aliño mezclando todos los ingredientes.

Corte la ternera en filetes finos y colóquelos sobre las hojas
de espinaca. Rocíe con el aliño por encima justo antes de
servir con las cuñas de tortilla.

**Para preparar patatas nuevas machacadas con aliño
de cilantro** como guarnición, cueza 750 g de patatas nuevas
durante 12 minutos, hasta que estén tiernas. Macháquelas,
pero sin hacer puré, y sírvalas con el cilantro espolvoreado
y un puñado de piñones.

ensalada de alubias blancas con hierbas

4 raciones
tiempo de preparación
10 minutos

720 g de **judión de la granja en bote** o **alubias blancas**, enjuagadas y escurridas
25 g de **jamón serrano**, troceado
4 **tomates maduros**, troceados
1 **cebolla española de sabor suave**, troceada

para el **aliño de hierbas**
20 g de **hojas de perejil troceadas**
20 g de **menta cortada**
corteza y **zumo** de 2 **limones**
2 **dientes de ajo**, machacados
1 cucharada de **aceite de oliva**
2 cucharaditas de **vinagre de sidra**
1 cucharadita de **anchoas desmenuzadas** (opcional)
sal y **pimienta**

Coloque las judías y el jamón en un plato con los tomates cortados y la cebolla.

Prepare el aliño mezclando el perejil, la menta, la corteza y el zumo del limón, el ajo, el aceite y el vinagre. Condimente al gusto y añada las anchoas, si las utiliza.

Rocíe las judías y el jamón con el aliño y sirva.

Para preparar una ensalada de atún y garbanzos a las hierbas, utilice 2 latas de 410 g de garbanzos y una lata de 180 g de atún en vez de las alubias blancas y el jamón. Escurra los garbanzos y el atún y mézclelos; a continuación añada los tomates y la cebolla, y repártalo todo en platos. Mezcle el aliño y viértalo sobre la ensalada. Sirva con rebanadas de chapata.

ensalada de salmón y huevos de codorniz

4 raciones
tiempo de preparación
15 minutos
tiempo de cocción **3-6 minutos**

12 **huevos de codorniz**
200 g de **espárragos pequeños**, con el tallo cortado
1 **lechuga de hoja de roble**
1 **endibia rizada**
250 g de **salmón ahumado**
zumo de 1 **lima**
sal y **pimienta**
algunas **ramitas de perifollo**, para decorar

para el **aliño de limón**
corteza rallada y **zumo** de 2 **limones**
½ cucharadita de **mostaza inglesa**
1 **yema de huevo**
9 cucharaditas de **aceite de oliva**

Hierva los huevos durante 3 minutos, escúrralos y enfríelos bajo agua fría. Pele los huevos y colóquelos en agua salada; resérvelos hasta que los necesite.

Mientras, ponga los espárragos en una olla de agua hirviendo y cuézalos a fuego medio durante 3-5 minutos o hasta que estén tiernos. Escúrralos, refrésquelos en agua fría y resérvelos.

Prepare el aliño poniendo la ralladura y el zumo del limón, la mostaza y yema de huevo en un robot de cocina o en la batidora. Bata ligeramente para mezclar bien los ingredientes. Después, poco a poco, añada el aceite en un chorro continuo. Condimente al gusto.

Separe las hojas de lechuga y endibia, quitando los tallos duros, y lávelas bien. Ponga las hojas en un cuenco y añada 2/3 del aliño. Remueva para distribuir bien el aliño y después colóquelas en el centro de 4 platos.

Divida el salmón en 4 partes y colóquelo sobre las hojas de ensalada. Rocíe con el zumo de lima. Parta los huevos por la mitad y póngalos sobre la ensalada. Vierta el aliño restante, adorne con las ramitas de perifollo y sirva.

Parar preparar una ensalada de trucha y huevo, utilice 4 huevos de gallina en vez de los de codorniz. Hiérvalos durante unos 10 minutos. Sustituya el salmón ahumado por la misma cantidad de filetes de trucha ahumada. Pele la trucha, desmenuce la carne y quite las espinas. Esparza la trucha sobre las hojas, corte los huevos en 4 y colóquelos encima.

ensalada de chipirones con patatas griegas

4 raciones
tiempo de preparación
30 minutos
tiempo de cocción **2 minutos**

500 g de **chipirones
preparados**
2 cucharadas de **zumo de limón**
2 cucharadas de **aceite de oliva**
1 **diente de ajo** picado
2 cucharadas de **hojas de
perejil**, picadas
500 g de **patatas nuevas**,
hervidas
200 g de **tomates cherry**,
partidos por la mitad
4 **cebollinos picados**
sal y **pimienta**
rodajas de limón, para servir

Corte los chipirones por la mitad, a lo ancho, y otra vez por la mitad para que formen cuadrados. Marque un lado, mézclelos con el zumo de limón y condimente ligeramente.

Fría los chipirones en una sartén caliente de fondo grueso o en una plancha a fuego fuerte durante 1 minuto por cada lado. Añada el aceite, el ajo y el perejil y retírelos del fuego. Deje que se enfríen.

Ponga los chipirones y el aliño sobre las patatas, los tomates y el cebollino y sírvalos con algunas rodajas de limón.

Para preparar una ensalada de langostinos con olivas verdes, utilice 500 g de langostinos crudos y pelados en vez de los chipirones. Si están congelados, descongélelos y lávelos con agua fría. Condimente y añada el zumo de limón. Hágalos a la plancha, igual que los chipirones y termine como se indica en la receta, añadiendo 50 g de olivas verdes cortadas y sin hueso. Espolvoree la piel de limón rallada antes de servir.

ensalada de cangrejo y pomelo

4 raciones
tiempo de preparación
10 minutos

400 g **carne blanca de cangrejo**
1 **pomelo rosa**, pelado
  y cortado
50 g de **roqueta**
3 **cebollinos** troceados
200 g de **tirabeques** cortados
sal y **pimienta**

para el **aliño de berros**
 85 g de **berros**,
  sin los tallos duros
1 cucharada de **mostaza**
  de Dijon
2 cucharadas de **aceite**
  de oliva

para **servir**
4 **panes de pita**
rodajas de lima

Mezcle la carne de cangrejo, el pomelo, la roqueta, el cebollino y los tirabeques en una fuente de servir. Condimente al gusto.

Prepare el aliño mezclando los berros, la mostaza y el aceite. Condimente con sal.

Tueste el pan de pita. Agregue el aliño a la ensalada y sírvala con el pan de pita tostado y las rodajas de lima a un lado.

Para preparar una ensalada de gambas, patatas y espárragos, sustituya 400 g de gambas cocidas y peladas por el cangrejo, y 100 g de espárragos cocidos, por el pomelo. Añada 200 g de patatas cocidas frías.

ensalada de verduras de primavera

4 raciones
tiempo de preparación
  10 minutos
tiempo de cocción **10 minutos**

200 g de **guisantes frescos**
  o **congelados**
200 g de **espárragos**, limpios
200 g de **tirabeques**
2 **calabacines**, cortados
  en tiras largas y finas
1 **bulbo de hinojo**,
  en finas rodajas
cáscara rallada y **zumo**
  de 1 **limón**
1 cucharadita de **mostaza**
  de Dijon
1 cucharadita de **miel**
1 cucharada de **hojas de perejil**,
  picadas
2 cucharadas de **aceite de oliva**

para el **pan de ajo**
4 **panecillos de chapata**,
  partidos por la mitad
1 **diente de ajo**

Ponga los guisantes, los espárragos y los tirabeques
en una olla de agua salada y déjelos hervir a fuego lento
durante 3 minutos. Escúrralos y refrésquelos bajo agua fría.

Pase la verdura a un cuenco grande junto con las tiras
de calabacín y el hinojo y mézclelo todo.

Mezcle la ralladura y el zumo de limón, la mostaza, la miel,
el perejil y mitad del aceite en un cuenco aparte. Rocíe
la verdura con este aliño.

Frote los panecillos, por el lado del corte, con el diente
de ajo, rocíelos con el aceite sobrante, colóquelos en una
bandeja en el grill precalentado y tuéstelos por las dos caras.
Sírvalos con la ensalada.

Parar preparar huevos escalfados con tostadas
especiadas, quite la corteza de 4 rebanadas de pan
multicereales. Utilice 1 cucharada de aceite de chile
para untar cada cara del pan y hornear como se indica
en la receta. Escalfe 4 huevos en una olla de agua
hirviendo a fuego lento con 1 cucharadita de vinagre.
Escúrralo, córtelo y sírvalo sobre las tostadas con
la ensalada.

ensalada de gambas, guisantes germinados y quinoa

4 raciones
tiempo de preparación
10 minutos
tiempo de cocción **10 minutos**

300 g de **quinoa**
75 g de **tirabeques**,
  escaldados y cortados
200 g de **puntas de espárragos**
  cocidas,
  frías y cortadas
  en pequeños trozos
50 g de **guisantes germinados**
400 g de **gambas tigre**
  cocidas y peladas
sal y **pimienta**

para el **aliño de fruta**
  y frutos secos
2 cucharadas de **aceite de oliva**
2 cucharadas de **zumo de limón**
20 g de **arándanos secos**
50 g de **avellanas**,
  tostadas y picadas

Prepare la quinoa según las instrucciones del envase. Resérvela y déjela enfriar.

Mezcle los tirabeques y los espárragos con la quinoa.

Prepare el aliño mezclando el aceite, el zumo de limón, los arándanos y las avellanas.

Coloque los guisantes germinados y las gambas sobre la quinoa, rocíe con el aliño y sirva.

Parar preparar una ensalada de gambas, trigo bulgur y frutos secos, utilice 300 g de trigo bulgur en vez de la quinoa. Para preparar un aliño con más frutos secos, tueste 25 g de almendras picadas en una sartén con las avellanas. A continuación añada el aceite de oliva y la ralladura y el zumo de 1 naranja.

ensalada de pollo ahumado y cebolla

4 raciones
tiempo de preparación
10 minutos

300 g de **pechuga de pollo ahumada**, sin piel
2 **cebollas rojas**, picadas finas
150 g de **tomates cherry**, por la mitad
50 g de **pipas de calabaza**, tostadas
75 g de **hojas de ensaladas variadas**
sal y **pimienta**

para el **aliño de aguacate**
1 **aguacate**, pelado y en dados
2 cucharadas de **zumo de lima**
1 cucharada **mostaza de Dijon**

Corte en dados o en tiras el pollo ahumado. Enjuague las cebollas rojas con agua.

Prepare el aliño batiendo el aguacate, el zumo de lima, la mostaza y sazone.

Mezcle el pollo, la cebolla, los tomates, las pipas de calabaza y las hojas de ensalada, rocíe con el aliño y sirva.

Parar preparar una ensalada de pollo ahumado, brócoli y pasta, cueza 250 g de rigatoni en agua salada hirviendo durante 12 minutos, hasta que estén tiernos. Añada 250 g de brócoli partido en ramilletes en los últimos 3 minutos de cocción. El brócoli no debería quedar muy cocido. Escurra bien y enjuague con agua fría. Escurra de nuevo. Prepare la ensalada como se indica en la receta, sin añadir las hojas. Añada la pasta y el brócoli a la mezcla de pollo. Coloque las hojas en cuencos y llénelos con la ensalada de pasta.

postres

trifle de mango y fruta de la pasión

4 raciones
tiempo de preparación
10 minutos, más tiempo
de enfriado

4 **bizcochos de soletilla**
150 g de **yogur griego
desnatado**
200 g de **nata ligera**
4 **frutas de la pasión**
1 **mango**, pelado,
sin hueso y en dados

Parta cada bizcocho en 4 trozos y colóquelos en 4 vasos.

Mezcle el yogur y la nata ligera. Quite la pulpa con semillas de las frutas de la pasión y resérvela.

Coloque un poco pulpa de las frutas de la pasión sobre los bizcochos y añada la mitad de los trozos de mango.

Vierta la mitad de la mezcla de nata ligera sobre la fruta y coloque el resto del mango encima.

Vierta el resto de la mezcla de nata ligera y coloque el resto de la pulpa de las frutas de la pasión encima. Deje enfriar durante al menos 1 hora o sirva inmediatamente.

Para preparar un trifle de piña y fresa, sustituya el mango por 400 g de piña pelada y cortada en dados, y las frutas de la pasión por 125 g de fresas cortadas por la mitad. También se puede utilizar cualquier fruta congelada, pero asegúrese de descongelarla bien.

pastel de queso de st Clement

10 raciones
tiempo de preparación
  10 minutos, más tiempo
  de enfriado
tiempo de cocción **50 minutos**

50 g de **mantequilla sin sal**
175 g de **galletas de avena
  bajas en grasa**, trituradas
2 x 250 g de **queso quark**
125 g de **azúcar lustre**
2 **huevos**
ralladura y **zumo** de 2 **naranjas**
ralladura y **zumo** de 1 **limón**
75 g de **pasas sultanas**
**piel de naranja y limón
  en juliana**, para decorar

Engrase ligeramente un molde redondo de pastel de 20 cm antiadherente y desmontable.

Funda la mantequilla en un cazo y mezcle con ellas las migas de galleta; a continuación, presiónelas sobre la base y los lados del molde. Cuézalas en el horno precalentado, a 150 °C, durante 10 minutos.

Bata los ingredientes restantes en un cuenco, reparta la mezcla sobre el molde y hornéelo durante 40 minutos, hasta que haya cuajado. Apague el horno y deje que el pastel se enfríe dentro durante 1 hora.

Conserve el pastel de queso en el frigorífico durante 2 horas y sírvalo decorado con la peladura de naranja y limón cortada en juliana.

Para preparar un pastel de queso de lima y frambuesas, sustituya las naranjas, el limón y las pasas por 2-3 gotas de extracto de vainilla, y la piel rallada y el zumo de 1 lima; a continuación, cocínelo como se indica en la receta. Una vez frío, decórelo con 125 g de frambuesas.

panna cotta de fruta de la pasión

4 raciones

tiempo de preparación
   20 minutos, más tiempo
   de reposo

2 **hojas de gelatina**
8 **frutas de la pasión**
200 g de **nata ligera**
125 g de **yogur griego
   desnatado**
1 cucharadita de **azúcar lustre**
1 **vaina de vainilla**, partida

Ablande las hojas de gelatina en agua fría. Parta por la mitad la fruta de la pasión y quítele las pepitas; trabaje sobre un cuenco para recoger tanto zumo como se pueda. Reserve las pepitas para la decoración.

Mezcle la nata, el yogur y el zumo de fruta de la pasión.

Ponga 100 ml de agua en una cacerola pequeña; añada el azúcar y las semillas de la vaina de vainilla, y caliente suavemente removiendo hasta que el azúcar se haya disuelto. Escurra la gelatina y añádala a la cacerola. Remueva hasta que se disuelva y deje que se enfríe a temperatura ambiente.

Incorpore la mezcla con la gelatina a la nata y sírvala en 4 cuencos o moldes. Déjela reposar en el frigorífico durante 6 horas o hasta que esté cuajada.

Saque la *panna cotta* de los moldes sumergiéndolos brevemente en agua muy caliente. Sirva las pepitas reservadas por encima para decorar.

Para preparar una *panna cotta* de café, sustituya la fruta de la pasión por 2 cucharadas de café fuerte y continúe con la receta con la vaina de vainilla. Decore la *panna cotta* con granos de café de chocolate, si le gusta.

pudin de frambuesas y bizcocho

4 raciones
tiempo de preparación
5 minutos

300 g de **frambuesas**
groseramente cortadas
4 **bizcochos de soletilla**,
groseramente desmenuzados
400 g de **queso fresco
bajo en grasa**
2 cucharadas de **azúcar lustre**
o **edulcorante artificial**

Tras reservar unas cuantas frambuesas para decorar, mezcle todos los ingredientes en un cuenco. Sírvalos en 4 fuentes individuales.

Sirva el pudin inmediatamente, decorado con las frambuesas reservadas.

Para preparar un pudin de Eton, use 4 merengues y 300 g de fresas. Quite los rabitos a las fresas, córtelas en cuartos y añádalas al queso fresco con el azúcar o el edulcorante. Rompa los merengues en trozos y mézclelos con el queso fresco; a continuación sírvalo en vasos.

crema quemada de mango y fruta de la pasión

4 raciones
tiempo de preparación
10 minutos, más tiempo
de enfriado
tiempo de cocción **2 minutos**

1 **mango pequeño** pelado,
sin hueso y en rodajas finas
2 **frutas de la pasión**,
con la pulpa sacada
300 g de **yogur natural
desnatado**
200 g de **nata ligera**
2 cucharada de **azúcar lustre**
unas gotitas de **extracto
de vainilla**
2 cucharadas de **azúcar
demerara**

Reparta las rodajas de mango en 4 cuencos.

Mezcle la pulpa de la fruta de la pasión, el yogur, la nata, el azúcar y el extracto de vainilla en un cuenco; a continuación sirva la mezcla sobre el mango. Dé unos golpecitos al cuenco para nivelar la superficie.

Espolvoree por encima el azúcar demerara y cocine bajo un grill precalentado de 1 a 2 minutos, hasta que el azúcar se haya fundido. Deje enfriar durante 30 minutos y sirva.

Para preparar una crema quemada de ciruela y melocotón, sustituya el mango por 2 melocotones en rodajas. Continúe como se indica en la preparación anterior, pero sustituyendo las frutas de la pasión por 4 ciruelas firmes y maduras cortadas. Antes de gratinar, ponga sobre cada cuenco un trozo de jengibre caramelizado.

helado de arándanos y limón

4 raciones
tiempo de preparación
10 minutos, más tiempo
de congelado

500 g de **arándanos
congelados**
500 g de **yogur griego
desnatado**
125 g de **azúcar lustre**,
y un poco más para decorar
ralladura de la piel de **2 limones**
1 cucharada de **zumo de limón**

Reserve unos cuantos arándanos para decorar. Triture el resto de los arándanos junto con el yogur, el azúcar lustre y la ralladura y el zumo de limón con un robot de cocina o una batidora hasta obtener una crema sin grumos.

Sirva la mezcla en un recipiente apto de 600 ml, apto para congelador, y métalo en el congelador.

Pruebe el postre cuando el yogur esté ligeramente helado y sea fácil de comer. Antes de servirlo, decore con los arándanos que haya reservado y espolvoree un poco de azúcar lustre por encima. Consúmalo antes de tres días.

Para preparar gofres con helado de melocotón y grosella negra, tueste ligeramente 4 gofres, coloque encima un melocotón en almíbar en rodajas y rocíe con miel. Sirva con helado de grosella y limón. Utilice 500 g de grosellas negras congeladas en lugar de arándanos. Puede usar también la misma cantidad de grosellas o frambuesas congeladas.

peras con galletas de jarabe de arce

4 raciones
tiempo de preparación
20 minutos
tiempo de cocción **50 minutos**

2 **vainas de vainilla** partidas
   por la mitad
2 cucharadas de **miel clara**
375 ml de **vino blanco dulce**
125 g de **azúcar blanquilla**
4 **peras firmes**, tipo Packham
   o Comice, peladas, sin corazón
   y partidas por la mitad.

para las **galletas de jarabe
   de arce**
25 g de **margarina de girasol
   baja en grasa**
2 cucharadas de **jarabe de arce**
1 cucharada de **azúcar
   blanquilla**
50 g de **harina**
1 **clara de huevo**

Mezcle las vainas de vainilla, la miel, el vino, el azúcar
y el agua en una olla suficientemente grande para que
quepan todas las peras. Caliéntelo todo hasta que el azúcar
se disuelva y, entonces, añada las peras. Deje hervir durante
30 minutos o hasta que las peras estén tiernas. Saque
las peras de la olla con una espumadera y resérvelas.

Cocine el jarabe durante 15 minutos o hasta que se haya
reducido. Reserve con las peras hasta que esté listo para servir.

Prepare las galletas. Mezcle la margarina de girasol
con el jarabe de arce y el azúcar y añada la harina. Bata
la clara de huevo hasta que esté a medio montar y añádala
a la mezcla.

Ponga cucharadas de la mezcla sobre una placa de horno
ligeramente engrasada, dejando bastante espacio entre
éstas. Cocínelas en un horno precalentado, a 200 °C,
6 si es de gas, durante unos 8 minutos, hasta que se doren.
Sáquelas y déjelas sobre una rejilla para que se enfríen.

Decore las peras con un trozo de vaina de vainilla y sírvalas
rociadas con un poco de jarabe de arce y una galleta al lado.

Para preparar melocotones con vainilla y agua de rosas,
sustituya las peras por la misma cantidad de melocotones
y cocínelos a fuego lento en el jarabe como se indica
en la receta durante unos 20 minutos o hasta que estén
tiernos. Si parte los melocotones por la mitad, tardarán
menos en hacerse. Saque los melocotones y siga cocinando
el jarabe durante unos 15 minutos, hasta que se reduzca.
Añada 1-2 cucharadas de agua de rosas, al gusto, para
que el jarabe quede más fragrante. Acabe el postre como
se indica en la receta.

fresas con merengue

4 raciones
tiempo de preparación
15 minutos
tiempo de cocción **2 horas
y 30 minutos**

3 **claras de huevo**
150 g de **azúcar moscabado
ligero**
2 cucharadas de **harina de maíz**
1 cucharadita de **vinagre blanco**
1 cucharadita de **extracto
de vainilla**
250 g de **fresas**
sin rabo y laminadas

Forre 4 moldes de tarta o cuencos con papel de horno antiadherente. Bata las claras de huevo a punto de nieve y añada el azúcar, 1 cucharada cada vez, asegurándose de incorporar el azúcar antes de añadir más.

Mezcle con cuidado la harina de maíz, el vinagre y el extracto de vainilla.

Reparta la crema en los moldes de tarta o en los cuencos y cocínela en un horno precalentado, a 120 °C, ½ si es de gas, durante 2 horas y 30 minutos.

Coloque las fresas en una fuente para el horno y hornéelas con los merengues durante la última hora de la cocción.

Ponga las fresas y los jugos de cocción sobre los merengues antes de servir.

Para preparar merengues de naranja con nectarinas asadas, añada la ralladura de la piel de 1 limón al merengue junto con la harina de maíz. Corte 2 nectarinas peladas y deshuesadas en rodajas delgadas y colóquelas en una fuente para el horno. Espolvoree por encima 2 cucharadas de azúcar y 1 cucharada de zumo de naranja; a continuación hornee durante 45 minutos con los merengues. Sirva la fruta sobre los merengues.

sorbete de lima y mango

4 raciones
tiempo de preparación
10 minutos, más tiempo
de congelado
tiempo de cocción **5 minutos**

150 g de **azúcar blanquilla**
250 ml de **zumo de lima**
ralladura de la piel de 1 **lima**
3 **mangos**, pelados
y deshuesados
2 **claras de huevo**

Forre un molde rectangular con papel film o papel de horno antiadherente. Ponga el azúcar en un cazo, añada 250 ml de agua y caliente suavemente hasta que el azúcar se disuelva. Aparte del calor e incorpore el zumo de lima y la ralladura.

Mientras, triture la pulpa del mango para hacer un puré sin grumos; reserve 4 rodajas para decorar. Mezcle el puré con el sirope de lima y vierta la preparación en el molde. Consérvelo en el congelador durante al menos 4 horas o toda la noche hasta que esté sólido.

Saque el sorbete del molde y bátalo con las claras de huevo. Vuelva a echar la mezcla en el recipiente y póngala de nuevo en el congelador hasta que esté firme. Debe comerse en los 3 días siguientes porque el sabor de los sorbetes de fruta fresca se deteriora rápidamente y esta receta lleva huevo crudo. Antes de servir, decore cada ración de sorbete con una rodaja fina de mango y sírvala con un par de barquillos.

Para preparar sorbete de fruta de la pasión, prescinda de los mangos y use 250 ml de zumo de fruta de la pasión en lugar de zumo de lima. El zumo de fruta de la pasión puede comprarse u obtenerse de la fruta fresca. Para preparar zumo fresco, parta la fruta por la mitad y ponga las pepitas y la pulpa en un colador. Saque todo el jugo y elimine las pepitas.

rollo de chocolate y frutos rojos

4 raciones
tiempo de preparación
20 minutos, más tiempo
de refrigerado
tiempo de cocción **15 minutos**

3 **huevos grandes**
100 g de **azúcar blanquilla**
½ cucharadita de **extracto**
de chocolate
50 g de **harina**
25 g de **cacao**, y un poco
más para espolvorear
150 g de **nata ligera**
150 g de **yogur griego**
bajo en calorías
25 g de **azúcar lustre**
1 cucharada de **salsa**
de chocolate
200 g de **frutos rojos variados**,
troceados, y algunos más
para decorar

Engrase y forre un molde rectangular y bajo de 30 × 20 cm.
Bata los huevos y el azúcar hasta que el batidor deje un rastro
sobre la superficie. Añada el extracto de chocolate, tamice
la harina y el cacao y mézclelo todo con cuidado.

Vierta la mezcla en un molde preparado. Cuézala en un horno
precalentado a 200 °C, 6 si es de gas, durante 15 minutos.

Coloque un trapo de cocina limpio sobre la superficie de
trabajo y ponga un trozo de papel de horno encima. Cuando
el bizcocho esté cuajado, vuélvalo sobre el papel de horno,
enróllelo cuidadosamente y deje que se enfríe.

Mezcle la nata, el yogur, el azúcar lustre y la salsa de chocolate.

Desenrolle el bizcocho y extienda la mezcla de nata fresca
por encima. Reparta los frutos rojos sobre la nata y enrolle
de nuevo el bizcocho. Espolvoree el cacao por encima y sirva
inmediatamente, decorado con más frutos rojos.

Para preparar un rollo de fresas y vainilla, prescinda
del cacao, aumente la cantidad de harina a 75 g y use
½ cucharadita de vainilla en lugar del extracto de vainilla.
Rellene el rollo con 200 g de fresas y sírvalo decorado
con más fresas partidas, si lo desea.

yogur de fruta helado

4 raciones
tiempo de preparación
15 minutos, más tiempo
de congelado

300 g de **frambuesas frescas
o congeladas**
3 **nectarinas**, peladas,
deshuesadas y cortadas
2 cucharadas de **azúcar lustre**
400 ml de **yogur griego**
200 ml de **yogur griego
desnatado**

Triture la mitad de las frambuesas y las nectarinas con un robot de cocina o con una batidora hasta obtener una crema sin grumos.

Mezcle el puré y el resto de la fruta con los demás ingredientes; a continuación páselo a un recipiente resistente al frío y consérvelo en el congelador durante 1 hora. Remuévalo bien, vuélvalo a guardar en el congelador y déjelo hasta que esté sólido.

Sirva el yogur helado en bolas, como si fuera helado. Aguantará hasta 1 mes en el congelador.

Para preparar un yogur de fresas helado, cocine a fuego lento 250 g de fresas sin rabo y cortadas en 2 cucharadas de zumo de uva. Escurra y mezcle el jugo con 1 cucharada de crema de casis, 2 cucharadas de azúcar lustre y 300 ml de yogur natural. Continúe como se indica en la receta.

magdalenas de frutos rojos

12 raciones
tiempo de preparación
15 minutos
tiempo de cocción **25 minutos**

250 g de **harina**
4 cucharadas de **azúcar blanquilla**
1 cucharada de **levadura**
1 **huevo**, batido
200 ml de **leche**
50 ml de **aceite vegetal**
200 g de **frutos rojos variados** groseramente troceados

Mezcle todos los ingredientes, excepto los frutos rojos, hasta obtener una masa sin grumos. Incorpore los frutos rojos.

Ponga fundas de papel antiadherente en un molde para magdalenas para 12 unidades y reparta la masa en las fundas. Cuézalas en el horno precalentado a 180 °C, 4 si es de gas, durante 25 minutos o hasta que, al pincharlas con un palillo, éste salga limpio. Colóquelas sobre una rejilla para que se enfríen.

Para preparar magdalenas de plátano y pacanas, añada 200 g de plátano troceado en lugar de los frutos rojos, además de 125 g de pacanas troceadas junto con los plátanos. Escójalos firmes pero maduros. Sírvalas templadas y rociadas con jarabe de arce.

pastel de chocolate y nectarina

6 raciones
tiempo de preparación
15 minutos
tiempo de cocción **45 minutos**

3 **nectarinas**
75 g de **chocolate negro,**
   troceado
25 g de **mantequilla sin sal**
2 **yemas de huevo**
75 g de **azúcar blanquilla**
½ cucharadita de **extracto**
   de chocolate
4 **claras de huevo**
cacao en polvo,
   para espolvorear

Forre con papel de horno y engrase un molde de 25 cm. Ponga las nectarinas en un cuenco y vierta encima el agua hirviendo. Déjelas allí 1 minuto y quíteles la piel. Parta las nectarinas por la mitad y quíteles el hueso. Escúrralas bien sobre papel de cocina y colóquelas con el lado de corte hacia abajo en un molde preparado.

Ponga el chocolate y la mantequilla en un cuenco refractario y fúndalos juntos en un cazo de agua hirviendo.

Bata las yemas de huevo y el azúcar hasta que el batidor deje marca al levantarlo. La mezcla debería quedar muy clara y bastante firme. Incorpore el chocolate y el extracto de chocolate.

Bata las claras de huevo hasta que estén medio montadas. Añada 1 cucharada a la masa del pastel e incorpore con cuidado el resto. Vierta la masa sobre las nectarinas.

Cueza el pastel en el horno precalentado, a 180 °C, 4 si es de gas, durante 45 minutos o hasta que al pinchar un palillo salga éste limpio. Sirva el pastel templado o frío, con cacao en polvo espolvoreado por encima.

Para preparar un suflé de peras y chocolate, elabore un jarabe añadiendo 125 g a 250 ml de agua hirviendo. Pele 3 peras y déjelas que se cocinen en el jarabe durante 30 minutos a fuego lento. Escurra las peras, reservando el jarabe, pártalas por la mitad, deshuéselas y escúrralas bien. Añádalas al pastel en lugar de las nectarinas. Añada la ralladura de 1 naranja al jarabe y deje hervir 2 minutos. Sírvalo con el pastel.

parfait de cerezas y canela

4 raciones
tiempo de preparación
  10 minutos, más tiempo
  de congelado
tiempo de cocción **5 minutos**

350 g **cerezas morello
  en almíbar**
una pizca de **canela molida**
½ cucharadita de **extracto
  de vainilla**
1 cucharada de **azúcar
  blanquilla**
1 **yema de huevo**
150 g de **nata ligera**
4 **nidos de merengue**,
  rotos en trozos
cerezas frescas, para decorar

Escurra las cerezas y ponga 100 ml del almíbar en un cazo pequeño. Añada la canela, el extracto de vainilla y el azúcar al jarabe; caliéntelo durante 5 minutos o hasta que el azúcar se haya disuelto. Resérvelo para que se enfríe.

Mezcle la yema de huevo con la nata ligera. Añada las cerezas escurridas al almíbar y mézclelas con la nata ligera. Incorpore con cuidado los merengues a la preparación.

Pásela a un recipiente de 300 ml resistente al frío y consérvelo en el congelador al menos 4 horas. Consúmalo en un solo día, cuando el parfait esté ligeramente helado. Decórelo con cerezas frescas antes de servir.

Para preparar un parfait de piña, sustituya las cerezas morello por 400 g de piña, escurrida y cortada, en conserva, y añada el almíbar como se indica en la receta. Prescinda de la yema de huevo. Mezcle bien la piña, el almíbar y la nata líquida. Incorpore los nidos de merengue.

pastel de ricotta y jarabe de arce

6 raciones
tiempo de preparación
20 minutos, más tiempo
de enfriado

3 **hojas de gelatina**
125 g de **galletas** *digestive*
bajas en grasa, trituradas
50 g de **margarina de girasol**,
baja en grasa, derretida
200 g de **requesón**
200 g de **ricotta**
2 **claras de huevo**
25 g de **azúcar lustre**, tamizado
25 ml de **zumo de limón**
4 cucharadas de **jarabe de arce**

para la **decoración**
2 **naranjas**, peladas y en rodajas
un puñado de **grosellas rojas**

Forre un molde de 20 cm con la base desmontable con un papel de horno antiadherente. Deje la gelatina en agua fría para que adquiera una consistencia blanda.

Mezcle las migas de galletas y la margarina fundida y presione la mezcla sobre el molde preparado. Consérvelo en frío.

Cuele juntos el queso requesón y el ricotta. Bata las claras de huevo hasta montarlas a punto de nieve y a continuación bátalas con el azúcar lustre hasta que esté brillante.

Ponga el zumo de limón y 50 ml de agua en un cazo a fuego lento y remueva la gelatina hasta que esté disuelta. Incorpórelo todo a la mezcla de ricotta junto con el jarabe de arce; después mezcle con cuidado las claras de huevo. Vierta la preparación sobre la base de galleta y consérvela en el frigorífico hasta que haya cuajado.

Decore con rodajas de naranja y una ramitas de grosellas rojas antes de servir.

Para preparar un pastel de queso con frambuesas y ricotta con salsa de chocolate, añada 250 g de frambuesas en un cazo junto con la mezcla de ricotta y prepare el pastel de queso como se indica en la receta. Para servir, derrita 200 g de chocolate con 4 cucharadas de jarabe y rocíelo sobre el pastel de queso.

mousse de plátano y café

4 raciones
tiempo de preparación
10 minutos, más tiempo
de reposo

2 **hojas de gelatina**
3 cucharadas de **dulce de leche**
o de **salsa de toffee**
125 g de **nata ligera**
65 g de trozos de **plátano**
deshidratados, con miel
4 **claras de huevo**

Deje la gelatina en agua fría 2 minutos para que se ablande.

Ponga el dulce de leche en un cazo pequeño a fuego lento y mezcle la gelatina hasta que se haya disuelto.

Incorpore la mezcla del dulce de leche a la nata y añada el plátano deshidratado; reserve algunos trozos para decorar.

Mientras, bata las claras de huevo a punto de nieve y añada la crema de dulce de leche y plátano. Sirva la *mousse* en 4 copas y decórela con los trozos de plátanos reservados y 1 cucharada extra de dulce de leche, si quiere.

Para preparar caramelos de dulce de leche, de plátano y avellana, triture 2 plátanos frescos y mézclelos con el dulce de leche y la nata líquida; prescinda de la gelatina y las claras de huevo. Sirva la *mousse* con 50 g de avellanas picadas tostadas.

brownies de chocolate

9 raciones
tiempo de preparación
10 minutos
tiempo de cocción **30 minutos**

125 g de **margarina de girasol
baja en grasa**
2 **huevos**
125 g de **azúcar moreno suave**
75 g de **harina con levadura
incorporada**
50 g de **cacao**, tamizado,
y un poco más para decorar
50 g de **chocolate negro**,
troceado
1 cucharadita de **extracto
de chocolate**
sal

Engrase y forre un molde de pastel cuadrado profundo de 18 cm.

Bata la margarina de girasol con los huevos y el azúcar. Incorpore la harina y el cacao y, a continuación, el chocolate y el extracto de chocolate. Vierta 1 cucharadita de agua hirviendo y una pizca de sal.

Vierta la mezcla en el molde preparado y cuézalo en un horno precalentado a 190 °C, 5 si es de gas, durante 30 minutos o hasta que al pinchar un palillo en el centro, éste salga limpio. Deje enfriar la preparación en el molde y córtela en 9 porciones cuadradas. Espolvoree por encima un poco de cacao en polvo antes de servir.

Para preparar una salsa de ron y pasas para acompañar a los *brownies*, caliente a fuego suave 300 ml de leche en un cazo con 2 cucharadas de harina de maíz, 4 cucharadas de ron y 4 cucharadas de pasas. Añada azúcar al gusto antes de verter la salsa sobre los *brownies* fríos.

compota de fruta de verano

2 raciones
tiempo de preparación
5 minutos, más tiempo
de enfriado
tiempo de cocción **5 minutos**

250 g de **frutas de verano
variadas**, como frambuesas,
arándanos y fresas,
descongeladas si estaban
congeladas.
ralladura fina de la piel y el **zumo**
de 1 **naranja grande**
1 cucharada de **gelatina
de grosella roja**
250 g de **yogur de soja natural**,
para acompañar

Ponga la fruta, la ralladura de naranja y el zumo y la mermelada
de grosella en un cazo grande. Tápelo y cocine los ingredientes
suavemente durante 5 minutos o hasta que suelten jugos
y la fruta se ablande.

Aparte el cazo del calor y resérvelo. Cuando la fruta no esté
tan caliente, póngala a enfriar y sírvala con yogur de soja.

**Para preparar una compota de ruibarbo, naranja
y jengibre**, prescinda de las frutas de verano y de la gelatina
de grosella y use 1 kg de ruibarbo cortado en trozos de
2,5 cm. Disuelva 250 g de azúcar blanquilla en 150 ml
de agua, lleve a ebullición y añada el ruibarbo. Cocine
a fuego lento durante 5 minutos y deje reposar. Incorpore
la ralladura y el zumo de 1 naranja con 3 cucharadas
de jengibre en almíbar picado, y deje enfriar.

índice

agradecimientos

Editora ejecutiva: Nicky Hill
Editora: Fiona Robertson
Subdirectora creativa: Penny Stock
Diseño: Grade
Fotografía: Lis Parsons
Estilismo gastronómico: Alice Hart
Estilismo de accesorios: Liz Hippisley

Fotografía especial: © Octopus Publishing Group
Limited/Lis Parsons
Otras fotografías: © Octopus Publishing Group
Limited Frank Adam 129; /William Lingwood 31,
65, 69, 123, 131, 135, 155, 175, 23; / Lis
Parsons 49, 55, 59, 79, 127, 143, 151, 157, 163,
169, 191, 201, 207, 211, 221; /William Reavell
85, 95, 179; /Gareth Sambidge 17, 45, 101, 117,
125, 185